Armin Krenz

Kompetenz und Karriere

KONZEPT-
BUCH

KINDER-
GARTEN

Armin Krenz

Kompetenz und Karriere

Für ein neues Selbstverständnis
der Erzieherin

Herder Freiburg · Basel · Wien

Im Verlag Herder sind vom Autor bisher folgende Bücher erschienen:

Reihe „Praxisbuch Kindergarten":
Entwicklung und Lernen im Kindergarten – Psychologische Aspekte und pädagogische Hinweise für die Praxis, 4. Auflage 1994

Reihe „Konzeptbuch Kindergarten":
Der Situationsorientierte Ansatz im Kindergarten – Grundlagen und Praxis, 7. Auflage 1994

Reihe „Herder Spektrum":
Seht doch, was ich alles kann! Was uns Kinder sagen wollen, 2. Auflage 1994

Anschrift des Autors:
Dr. Armin Krenz
Fachbereich Elementarpädagogik
Institut für angewandte Psychologie und Pädagogik
Alter Markt 14
D-24103 Kiel

Gedruckt auf umweltfreundlichem, chlorfrei gebleichtem Papier

2. Auflage

Einbandfoto: Hartmut W. Schmidt

Inhalt

Widmung

Ein Buch ist sicherlich nur dann mehr als bedrucktes Papier, wenn beim Schreiben oder Lesen die ganze Lebendigkeit der praktischen Erfahrung zum Vorschein kommt. Insofern denke ich vor allem an die engagierten Frauen und Männer, die in ihrer unverwechselbaren Identität das Profil ihrer Arbeit bzw. ihrer Einrichtung ganz im Interesse von Kindern mitgeprägt haben, um Kindern bei ihrer Entwicklung zu helfen und selber engagiert und glücklich zu leben. Insbesondere denke ich bei dieser Veröffentlichung an

Roswitha aus Jena, meine wertgeschätzte Kollegin, die trotz herber Rückschläge durch bürokratische Entscheidungen ihre kinderpsychotherapeutische Praxis einrichten konnte und unbeirrt mit Kindern gemeinsam nach Lösungsmöglichkeiten aus schwierigen Situationen sucht und sie findet;

Barbara aus Berlin, die in ihrem Arbeitsfeld Halbheiten der Kindergartenpädagogik aufgedeckt hat und konsequent für Veränderungen sorgte;

Siegfried aus Breidenbach, der – mitbedingt durch seine hervorragende Examensarbeit über den ‚Situationsorientierten Ansatz' – auf der Suche nach kindorientierten Arbeitsansätzen sowohl Wissenschaftler als auch Erzieherinnen ins konstruktive Nachdenken brachte;

Bettina aus Brande, die zusammen mit ihrem Team den mühsamen Weg auf sich genommen hat, Kindergartenarbeit zum Erlebnis für Kinder werden zu lassen;

Claudia aus Adelsheim, die ihre Arbeit mit Kindern konsequent aus ihrer personzentrierten Haltung empathisch ableitet;

Hannelore aus Kiel und Anke aus Wattenbek, die ihre Professionalität erweitert und ihren Lernzuwachs als persönliche Geschenke erlebt haben;

Silke aus Appen, die zusammen mit ihrem Team eine hervorragende Konzeption im Sinne einer kindorientierten Entwicklungsbegleitung erarbeitet hat;

Dorothee aus Königslutter, die sich immer wieder um verbesserte Bedingungen für Kinder engagiert und mutig einsetzt und schließlich Hanne aus Königslutter, die ein wahrer Schatz für Kinder ist.

Ihnen im besonderen und den vielen anderen Menschen, die Kindergartenarbeit zu einem lebendigen Arbeitsfeld werden lassen, möchte ich wertschätzend danken.

Vorwort

Während eines Seminars in unserem Institut, in dem Leiterinnen von Kindergärten und Horten eine Zusatzqualifikation erwerben konnten, spielten wir einmal eine Utopie durch, die uns alle im nachhinein sehr nachdenklich werden ließ. Zunächst stellten wir uns die Aufgabe, genüßlich darüber zu phantasieren, wie es wohl wäre, wenn engagierte Erzieherinnen die Kindergartenpolitik in Deutschland bestimmen oder zumindest entscheidend mitbeeinflussen könnten. Sofort und ohne langes Nachdenken schossen nur so die Vorstellungen aus dem Mund der anwesenden Frauen:

„... dann würde ich sofort dafür sorgen, daß es Kindergartengesetze gäbe, die ihrem Namen auch entsprechen würden: Gesetze für Kinder und Ausführungsbestimmungen, die ein qualitätsorientiertes Arbeiten in Kindergärten tatsächlich möglich machen."

„... kleinere Gruppen, so daß Kinder sich mit viel mehr Zeit und Ruhe in den Räumen des Kindergartens und auch außerhalb unserer Einrichtung orientieren könnten."

„... eine bessere Personalbesetzung mit ausgebildeten Fachkräften, um projektorientiert arbeiten zu können oder in Kleingruppen zu sein, um differenziert mit Kindern zu spielen oder zu werken."

„... dann würde ich festlegen, daß Supervision zum festen Bestandteil unserer Berufstätigkeit gehört, wobei wir Mitarbeiterinnen uns die Supervisorin/den Supervisor selber aussuchen könnten und uns nicht mit dem Supervisor abplagen müßten, der vom Träger gestellt wird."

„... dann würde ich dafür sorgen, daß der Kindergarten jedes Jahr für eine Woche geschlossen werden könnte, um im Team eine gemeinsame Fortbildung zu machen. Zum Beispiel im Hinblick auf die Erstellung einer guten Konzeption."

„... und schließlich würde ich veranlassen, daß die Bezahlung der Fachkräfte in Kindertagesstätten auch den hohen beruflichen Anforderungen entspricht. Das heißt, hier käme es zu einer Eingruppierung, die denen der Grundschullehrer gleicht."

Diese und viele weitere Vorschläge wurden auf einer großen Wand mit Hilfe eines Meta-Plans schriftlich festgehalten, um zu verdeutlichen, was alles an Wünschen den Realitäten widerspricht. Kaum war der Suchprozeß beendet, kam für viele Leiterinnen ein deutliches Erwachen in der Wirklichkeit. „Warum – so frage ich mich – arbeiten wir noch in unseren Einrichtungen, wenn so viele Umstände dagegen sprechen, wenn unsere Bemühungen um Qualität immer wieder an enge Grenzen stoßen?" Diese Frage einer Erzieherin löste eine heftige Diskussion aus. Es ergaben sich dabei folgende Schwerpunkte:

● Die einen stellten resigniert fest, daß sie mit ihrer Ausbildung und ihrer bisherigen Berufspraxis nun einmal darauf angewiesen seien, im Kindergarten oder einer vergleichbaren Institution zu arbeiten.

● Die anderen bekräftigten ihren Wunsch, auch weiterhin mit Kindern arbeiten zu wollen, weil sie davon überzeugt seien, daß Kinder sie bräuchten.

● Eine dritte Gruppe von Erzieherinnen nannte viele Beispiele, was sie schon alles versucht hatten, um ihre berufliche Situation zu verändern, ohne allerdings bedeutsame Innovationen zu erreichen.

● Und eine vierte Gruppe meinte, daß es vielleicht sogar *auch* an einem gewissen Unvermögen liegen könnte, eigene Ziele konsequent und fundiert zu verfolgen. Zu schnelles Resignieren, fehlendes Methodenwissen oder lückenhafte Fachkompetenz seien sicherlich auch daran beteiligt, *daß* die Situationen vor Ort so sind, wie sie sich nun einmal zeigen.

Das Buch wendet sich daher an alle vier Gruppen von Erzieherinnen. Einerseits wird der Inhalt darauf zielen, Hintergründe aufzuspüren, die für ein resignatives Verhalten Verantwortung tragen: weniger durch die Suche nach „Außenfeinden" als vielmehr durch die Identifikation von persönlichen Merkmalen, die ein Lebensmuster ganz im Sinne des „Aufenthaltes in einer Lauernuß" bedingen. Andererseits möchte das Buch dazu motivieren, die Arbeit mit Kindern als etwas ganz Wichtiges und Notwendiges herauszustellen, bei der Erzieherinnen sich als Bündnispartnerinnen von Kindern verstehen und damit ihre Vorstellungen von Richtigkeit realisieren können. Zum dritten wird es darum gehen, gescheiterte Versuche einer Veränderung von Praxis sachlich daraufhin zu analysieren, was möglicherweise dazu beigetragen hat (haben könnte), daß Ziele nicht erreicht wurden, und schließlich wollen die Ausführungen dabei helfen, unterschiedliche Kompetenzen zu erweitern, zu verfeinern und zu qualifizieren. Ganz im Sinne einer östlichen Weisheit, die erweitert so heißen könnte:

**Niemand vermag ein Ereignis oder
einen anderen Menschen weiterzubringen,
als er mit sich selbst gekommen ist.
Dennoch vermag er selbst nicht weiterzukommen,
als er die Ereignisse
oder einen anderen Menschen
zu bringen wagt.**

Das Buch möchte Erzieherinnen und Erzieher darin unterstützen, sich auf zwei Schwerpunkte einzulassen.

● Identität im Beruf zu erleben heißt einerseits, sich ganz persönlich auf einen Weg des Suchens zu begeben, um selber zu erfahren, wo und wie *personale* Kompetenzen erweitert werden können.

● Profil im Beruf zu zeigen heißt andererseits, eigene Professionalität zu reflektieren, und dabei Beziehungen zwischen bisheriger Praxis und neuen Fachgedanken herzustellen, um *berufliche* Kompetenzen zu ergänzen.

Sollten Fragen durch das Bearbeiten des Textes entstehen, die weder persönlich noch in der Mitarbeiterinnengruppe beantwortet werden können, besteht für Sie die Möglichkeit, sich direkt an den Autor des Buches zu wenden.

So bleibt zu wünschen, daß das Lesen und Bearbeiten der Ausführungen sowohl Spaß bereitet als auch zum konsequenten Handlungsdenken anregt.

Armin Krenz

1. Gegenwärtige Situation im Berufsfeld von Erzieherinnen

Nach wie vor ist der grundsätzliche Wunsch von vielen Schulabgängerinnen und einigen wenigen Schulabgängern ungebrochen, den Beruf der Erzieherin/des Erziehers zu ergreifen. Fragt man nach der speziellen Berufsmotivation, werden ganz unterschiedliche Gründe für das Interesse am Erzieherinnenberuf genannt. So kamen bei einer Befragung z.B. folgende Antworten zum Vorschein:

„Ich möchte deshalb Erzieherin werden, weil für mich feststeht, daß ich nicht mit toter Materie wie in einem unpersönlichen Büro arbeiten will."

„Erzieherin zu werden bedeutet für mich, ganz viel mit Kindern zu spielen, mit ihnen zu lachen, zu basteln und sich selber zu verwirklichen."

„Da ich immer schon gerne mit Kindern umgegangen bin, hoffe ich, daß ich im Erzieherinnenberuf die Möglichkeit habe, ganz viel mit Kindern gemeinsam zu erleben."

„Ich sehe für mich persönlich den Beruf der Erzieherin nicht zuletzt als eine gute Vorbereitung auf mein bevorstehendes Familienleben an. Ein besseres Hineinwachsen in die zukünftige Rolle als Mutter kann ich mir nicht vorstellen."

„Kinder sind doch in besonderem Maße schutzbedürftig. Da ich selber in meiner eigenen Familie kaum Schutz und Sicherheit erlebt habe, möchte ich durch meine zukünftige Berufstätigkeit als Erzieherin dafür sorgen, daß Kinder zu ihren Rechten kommen."

„Erziehung von Kindern ist vor allem eine Sache des Gefühls. Da ich mit vielen Geschwistern aufgewachsen bin, merke ich, daß ich gut mit Kindern umgehen kann. Das macht mir Spaß; und weil ich ein gefühlsbetonter Mensch bin, ist für mich der Beruf der Erzieherin gerade richtig."

„In den üblichen Berufen geht es nur mit Streß und Ärger zu. Ich bin davon überzeugt, daß ich das später einmal nicht aushalten könnte. Daher habe ich mich für den Ausbildungsberuf der ‚Erzieherin' beworben. Im Kindergarten gibt es ja keinen Lehrplan. So können die Kinder und ich den Tagesablauf gemeinsam gestalten, ohne dritten Personen ständig Rechenschaft ablegen zu müssen."

„Kindergartenarbeit ist einfach toll. Da ich musisch begabt bin, habe ich mich entschieden, Erzieherin zu werden."

Soweit einige Antworten aus einer Befragung von Bewerberinnen (Krenz, 1992/1993).

Was in diesen und vielen weiteren, ähnlichen Antworten zum Ausdruck kommt, ist vor allem

- die Entscheidung *für* den Beruf als Konsequenz aus der Entscheidung, *keine* Büroarbeit o.ä. zu verrichten;
- die Vorstellung, sich in dem Beruf selbstzuverwirklichen;
- die Überzeugung, daß Kindergartenarbeit berufliche und persönliche Freiräume beinhalte;
- die Hoffnung, daß die Arbeit als Erzieherin auch auf eine mögliche Rolle als Mutter vorbereitet;
- die Meinung, daß Erzieherinnen gleichsam Kinderschützerinnen seien, um Kinder vor Gefahren zu bewahren, ihnen zu ihren Rechten zu verhelfen;
- die Annahme, daß der Kindergarten ein streßfreier Raum sei, der ein Gegengewicht zur „harten Außenwelt" darstellt;
- die Mutmaßung, daß gefühlsmäßige Qualitäten für den Umgang mit Kindern allentscheidend dafür seien, eine angemessene Pädagogik mit Kindern zu realisieren.

Schauen wir demgegenüber einmal auf drei große Untersuchungen zur Berufs(un)zufriedenheit von Erzieherinnen und Erziehern in Deutschland (Umfrage in der Zeitschrift *„kindergarten heute":* Zur Situation der Fachkräfte in Tageseinrichtungen für Kinder, 1990; Studie von Prof. Dr. Johann Michael Gleich, Katholische Fachhochschule Nordrhein-Westfalen in Köln, 1993 und die empirische Erhebung zur Einschätzung unterschiedlicher Standards der Elementarpädagogik durch berufstätige Erzieherinnen in Kindergärten Schleswig-Holsteins, Krenz, 1992), dann stellt sich die gegenwärtige Situation im Berufsfeld von Erzieherinnen wie folgt dar:

Laut Auswertung der Umfrage in der Zeitschrift *„kindergarten heute"* sagen

- 89% der Erzieherinnen, daß ihre Arbeit durch verhaltensauffällige bzw. erziehungsschwierige Kinder schwerer geworden ist,
- 67% der Erzieherinnen, daß sie die größeren Erwartungen der Eltern als zunehmende Belastung empfinden,
- 66% der Erzieherinnen, daß sie durch Probleme in den Familien mit Kindern in zunehmendem Maße belastet sind,
- 68% der Erzieherinnen, daß sie in ihrem Träger keinen fachkundigen Ansprechpartner haben,
- 80% der Erzieherinnen, daß sie das Ansehen ihres Berufes in der Öffentlichkeit eher negativ sehen,

- 76% der Erzieherinnen, sie könnten sich nicht vorstellen, zwischen 41 und 50 Jahren noch im Beruf zu arbeiten,
- 82% der Erzieherinnen, ihre Bezahlung sei schlecht bzw. sehr schlecht.

Zu ähnlichen Ergebnissen kommt Prof. Dr. Johann Michael Gleich:
- Fast zwei Drittel der Erzieherinnen setzen sich mit dem Gedanken auseinander, ihren Beruf aufzugeben;
- Fast zehn Prozent der Erzieherinnen sind zu einem Berufswechsel fest entschlossen;
- Fast zwei Drittel der Erzieherinnen fühlen sich stark durch Verhaltensauffälligkeiten bei Kindern belastet;
- Fast achtzig Prozent empfinden die Erwartungen der Eltern als stark belastend.

Schließlich kommen als Gesamtergebnisse der empirischen Erhebung von Krenz folgende Zahlen zum Vorschein:
- 75,1% der Erzieherinnen fühlen sich nur gering oder in mittlerem Maße von ihrem Träger unterstützt;
- 84,2% der Erzieherinnen geben die eigene Zufriedenheit in der Kindertageseinrichtung mit ,wenig' oder ,mittel' an – nur 15,8% sind sehr zufrieden;
- 0,8% der Erzieherinnen bezeichnen die Qualitätsstandards heutiger Fachschulausbildung mit ,sehr gut', 42% mit schlecht, 47,4% mit mittelmäßig und nur 9,8% mit gut;
- 27% der befragten Erzieherinnen geben an, in jedem Fall noch einmal den Beruf der Erzieherin zu ergreifen, 46,8% würden es möglicherweise tun und 26,2% auf keinen Fall;
- 97,1% der Erzieherinnen meinen, die Arbeit mit Kindern sei in den letzten Jahren schwerer geworden, und
- 91,8% geben bei der Befragung an, daß sie die Arbeit mit Eltern im Vergleich zu den letzten Jahren als schwieriger empfinden.

Halten wir fest: Während auf der einen Seite zukünftige Erzieherinnen voller Motivation und Neugierde den anzustrebenden Beruf erwarten, macht sich bei berufserfahrenen Erzieherinnen schon nach wenigen Jahren eine große Unzufriedenheit breit. *„kindergarten heute"* fand als Überschrift für die Untersuchung den Titel *„Der vergessene Beruf"*; die überregionale Presse betitelte die Vorstellung der Studie von Prof. Dr. Gleich mit den Worten *„Erzieherinnen fühlen sich genervt"*, und die empirische Studie von Krenz wurde mit der Überschrift *„Notstand bei Erzieherinnen"* belegt.

Bei dem Bau eines Hauses hängt die gesamte Stabilität der Wände, der Stockwerke und des Daches von der guten Beschaffenheit des Fundamentes ab. Auf den Beruf der Erzieherin übertragen heißt dies, zunächst zu ergründen, welche Auslöser tatsächlich dazu geführt haben, diesen Beruf zu ergreifen.

Bevor dieser Punkt näher betrachtet wird, sind Sie als Leserin dazu eingeladen, Ihre persönlichen Motive an dieser Stelle einmal aufzuführen.

**Persönliche Motive, die mich dazu veranlaßt haben,
Erzieherin zu werden:**

1.

2.

3.

Es scheint durchaus nicht übertrieben zu sein, wenn also auf der einen Seite eine hohe Berufsmotivation für den Beruf der Erzieherin *vor* der Ausbildung und der Tätigkeit selbst geäußert wird, auf der anderen Seite aber *nach* dem Examen und während der Berufsausübung die erlebten Belastungen zu einem drastischen Rückgang der Freude an der Arbeit führen mit den Merkmalen, daß Aussteigewünsche und Resignation zur beruflichen Realität gehören, so daß durchaus von einem Beruf in der Krise gesprochen werden kann. Zusammenfassend ergibt sich im Überblick daher folgendes Bild:

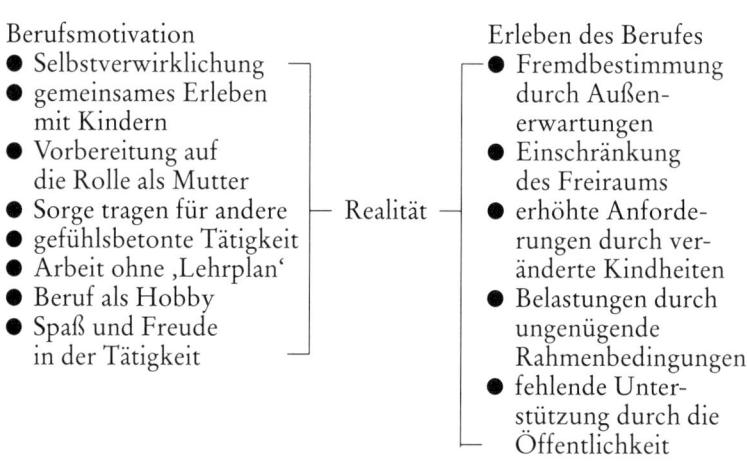

Berufsmotivation
- Selbstverwirklichung
- gemeinsames Erleben
  mit Kindern
- Vorbereitung auf
  die Rolle als Mutter
- Sorge tragen für andere
- gefühlsbetonte Tätigkeit
- Arbeit ohne ‚Lehrplan'
- Beruf als Hobby
- Spaß und Freude
  in der Tätigkeit

Realität

Erleben des Berufes
- Fremdbestimmung
  durch Außen-
  erwartungen
- Einschränkung
  des Freiraums
- erhöhte Anforde-
  rungen durch ver-
  änderte Kindheiten
- Belastungen durch
  ungenügende
  Rahmenbedingungen
- fehlende Unter-
  stützung durch die
  Öffentlichkeit

Grundsätzlich ergibt sich aus den o.g. Fakten die Notwendigkeit, daß vor allem folgende Fragen beantwortet werden müssen:
- Ist die Motivation vieler Frauen, die den Erzieherinnenberuf ergreifen möchten, tatsächlich so unrealistisch, *daß* es zu einer persönlichen bzw. beruflichen Enttäuschung kommen *muß*?
- Verstehen es die Ausbildungsstätten nicht, zukünftige Erzieherinnen so auf ihren Beruf vorzubereiten, daß anstehende Aufgaben fachkompetent und identisch im Sinne einer real-kindorientierten Arbeit gelöst werden können?
- Welche Maßnahmen sind dringend angezeigt, damit der Beruf der Erzieherin sowohl im direkten Lebens- und Arbeitsumfeld an Wertschätzung gewinnt und auch in der weiteren Öffentlichkeit in hohem Maße einen Zuwachs an bestätigender Akzeptanz erfährt?
- Was können und müssen Erzieherinnen selber tun, damit ihr Beruf eine breite Anerkennung findet?

a) Berufsmotivation

Sicherlich hat der Wunsch, Erzieherin zu werden, *immer* etwas mit der Person selber zu tun, die sich aus ihrer besonderen Lebenssituation dafür entscheidet, in Zukunft mit Kindern gemeinsam zu leben und zu lernen.

Wer den Motivator benennt, *nicht* mit Maschinen, Geräten oder toter Materie arbeiten zu wollen, definiert zunächst einmal den Berufswunsch aus einer Abgrenzung heraus, was *nicht* in Frage kommt. Diese Entscheidung ist gleichsam eine Negativabgrenzung, eher darauf ausgerichtet, was abgelehnt wird, und weniger darauf bezogen, was bevorzugt wird. Anders betrachtet heißt dies, daß eigentlich der Berufswunsch Erzieherin als Alternative zu etwas anderem gesucht wurde, ohne sich genau *für* etwas zu entscheiden. Dort, wo eine klare Entscheidung für den Erzieherinnenberuf fehlt, ist sicherlich eine Enttäuschung vorprogrammiert, weil eigene Ziele nicht unmißverständlich formuliert wurden und später ein deutlich zielgerichtetes Vorgehen bestimmen. Daher wundert es nicht, wenn ein bekannter Lernzielforscher vor vielen Jahren den folgenden Satz geprägt hat:

„Wer nicht weiß, wohin er will,
darf sich nicht wundern,
dort zu landen,
wohin er in keinem Fall wollte."
(Mager)

Wer als Berufsmotivation angibt, gerne und viel mit Kindern zu lachen, zu spielen, sich zu freuen, mit ihnen zu werken oder Musik zu erleben, trägt sicherlich ein ganz wichtiges Moment lebendiger Pädagogik in sich. Nichts ist dramatischer, schlimmer und auch für Kinder trauriger, wenn Menschen in einem pädagogischen Beruf nur die „Erziehung" von Kindern als ihre Aufgabe ansehen und wichtige, emotionale Faktoren außer acht lassen. Allerdings ist die pädagogische Arbeit immer umfassender und vielschichtiger zugleich: Arbeit mit Kindern bedeutet, sich mit Kolleginnen und Eltern, dem Träger und der Öffentlichkeit, anderen Einrichtungen und berufspolitischen Gegebenheiten auseinanderzusetzen, so daß das Leben und Lernen mit Kindern *nur ein* Ausschnitt aus dem weiten Feld eines engagierten Arbeitens ist. Wer sich *nur* in der Motivation auf Kinder bezieht, läßt Realitäten unbeachtet und wird sicherlich später mit dem Widerspruch von persönlicher Motivation und den vielschichtigen Anforderungen konfrontiert sein, in der Enttäuschung, nicht das vorzufinden, was persönlich so stark erhofft wurde.

Wer als zukünftige Erzieherin lediglich das Motiv Selbstverwirklichung anführt, bringt – vielleicht ohne bewußte Beachtung der Folgen für sich selbst und die Kinder – *eigene* Wünsche, Vorstellungen, Werte und Erwartungen in der Form in die Arbeit ein, daß viele Aktivitäten und Vorhaben lediglich den eigenen Interessen entsprechen sollen. Eine lebendige Pädagogik würde damit zu einem Selbsterfahrungsfeld werden, in dem nicht selten Kinder zu Randfiguren werden, die sich um ihre Erzieherin scharen. Oder Erzieherinnen haben den Wunsch, selber noch vorhandenen eigenen Bedürfnissen nachzugehen, sich für andere Tätigkeiten zu interessieren bzw. zu entscheiden. Sicherlich hat der Erzieherinnenberuf *immer* etwas mit Selbstverwirklichung zu tun, nur darf dabei nicht vergessen werden, *daß* erwachseneneigene Bedürfnisse durchaus das Risiko für die Arbeit in sich tragen, mit der Zeit für **kindspezifische** Interessen blind zu werden. Hier würden persönliche Vorhaben recht schnell Kindern übergestülpt werden mit dem Ertrag, daß eine erwachsenenzentrierte Pädagogik immer mehr Raum in der Einrichtung gewinnen würde.

Der Wunsch als Berufsmotivation, ganz viel mit Kindern zu erleben, ist sicherlich zunächst akzeptabel, weil Pädagogik – denken wir dabei nur an eine lebendige Projektarbeit im Situationsorientierten Ansatz – *auch* aus der Dynamik der Aktivität lebt. Ein Blick auf heutige Kindheiten zeigt aber, daß viele Kinder in einem wahren Konsumrausch leben, in dem es vor allem darum geht, möglichst viel in möglichst kurzer Zeit – und das noch höchst intensiv – mit Genuß zu erfahren. Dabei kommen Kinder immer weniger zur Ruhe, weil Hektik und Aktivitäten ein ‚gutes Erleben‘ bestimmen. Für Kinder stellt sich daher immer weniger die Frage, die Zeit als etwas Langsames zu erfahren, als vielmehr den ‚Zug der Zeit‘ nicht zu verpassen. Demgegenüber hat der Kindergarten aber auch die Aufgabe, Kindern dabei zu helfen, weniger eine große Vielfalt von Aktivitäten mitzubekommen als das, *was* erlebt wird, mit Ruhe und Zeit intensiv aufzunehmen. Nicht ohne Grund hat vor vielen Jahrzehnten eine Pädagogin die Forderung aufgestellt, dies zu beachten, welche sie so formulierte:

„Weniger das Viele
als vielmehr das Wenige.“

Ganz viel mit Kindern zu erleben birgt die Gefahr in sich, Kinder mit Aktivitäten zu erdrücken, die freie Zeit als „unnütz“ zu bewerten oder dem Ziel Rechnung zu tragen, daß nur dort eine ‚gute Pädagogik‘ realisiert wird, wo etwas geschieht. Nicht selten – und dies sei am Rande bemerkt – ist der starke Wunsch nach ständiger Aktivität der ernsthafte Versuch, der Ruhe, dem eigenen Besinnen zu entfliehen.

Sofern der Berufswunsch Erzieherin damit begründet wird, daß er eine gute Vorbereitung auf das eigene Familienleben ist und ein besseres Hineinwachsen in die Rolle einer Mutter nicht gegeben sei, kann davon ausgegangen werden, daß der Beruf vor allem eigenen, subjektiven Idealen im Hinblick auf eine Rollenfindung dient. Beobachtungen in der Praxis zeigen offenkundig, daß Erzieherinnen bei dieser Berufsmotivation einerseits stark lenkende Verhaltensweisen offenbaren, andererseits stark fürsorgliche Merkmale in die Arbeit einbringen. Kinder werden eher geführt als begleitet, ihre eigenen Wünsche mit denen der Erzieherinnen in eine gewisse Deckungsgleichheit gebracht und Aspekte völlig selbständigen Handelns auf seiten der Kinder eher beschnitten, wo persönliche Idealvorstellungen mit denen der Kinder divergieren. Subjektivität der Einschätzung von Erfahrungen und Erlebnissen ist dabei stärker ausgeprägt als der Versuch, eigene Erfahrungen denen von Kindern sorgsam gegenüberzustellen und Unterschiede zu akzeptieren. Dabei kann wohl das Ziel „Unterstützung der Selbständigkeit" benannt werden, doch wird es in der Praxis um eine „Selbständigkeit in Grenzen auf der Grundlage einer eigenen Definition von Teilselbständigkeiten" gehen. Persönliche Enttäuschungen machen sich dort breit, wo Kinder *ihre* eigenen Vorstellungen von Selbständigkeit umzusetzen versuchen.

Wiedergutmachung als Berufsmotivation ist dabei nicht weniger problematisch. Nicht selten haben Frauen den Wunsch, Erzieherin zu werden, um selbst erlebte Unfreiheiten, erfahrene Ungerechtigkeiten und bedrückende Erlebnisse in der zukünftigen Arbeit mit Kindern auszugleichen, nach dem Motto, „was mir passiert ist, soll anderen nicht passieren". Der Beruf der Erzieherin wird also dazu genutzt, das eigene Kindheitsdrama mit Hilfe von Kindern zu bearbeiten. Ganz in dem Sinne einer „traumatisierten Wiederholung eigener Kindheit", wie es vor Jahren der Assistenzprofessor für Psychiatrie am Ohio State University College of Medicine, W. Hugh Missildine, in seinem Buch *„In dir lebt das Kind, das du warst"* beschrieben hat. Das Motiv der Berufswahl ist durchaus verständlich, wenn auch in der Entwicklung von Kindern nicht hilfreich. Häufig läßt sich beobachten, daß Erzieherinnen auf der Grundlage dieser Berufsmotivation sehr viel und gleichzeitig intensiv *für* Kinder sorgen, mit ihnen den Tagesablauf sehr beziehungsorientiert erleben und immer darauf bedacht sind, daß gefährliche Situationen schnell geklärt werden oder erst gar nicht entstehen können. Für-Sorge erweist sich als das Bindeglied zwischen ihnen und den Kindern, innerhalb dem Schutz vor Irritationen oberste Priorität besitzt. Der Preis für die Kinder ist dabei hoch: sie erleben ihre Welt als einen Zusammenschluß voller Gefahren, die überall dort lauern, wo sie sich aufhalten. Statt eines gesunden Optimismus und einer Portion Risikofähigkeit macht sich bei Kindern die Sorge breit, daß überall etwas passieren kann, wenn nicht aufgepaßt wird, so daß Pessimismus und die Angst vor Gefahren zum neuen Lebensthema für Kinder werden können.

Dem Beweggrund, ‚von Natur aus gut mit Kindern umgehen zu können‘ oder der Einschätzung, die Tätigkeit einer Erzieherin sei ein ‚gefühlsbetontes Erleben mit Kindern‘, liegt folgende Idee zugrunde:

● Kindererziehung ist sowieso etwas Natürliches, was Menschen entweder können oder nicht, bzw.

● Kindererziehung ist vor allem eine Sache des Gefühls, bei der es darauf ankommt, das eigene Gefühl von Richtigkeit zu spüren und die Arbeit daraus abzuleiten.

Diese sicherlich naive Vorstellung von Pädagogik ist weit verbreitet. Einerseits trägt sie stimmige Elemente in sich, andererseits ist sie in dieser geäußerten Ausprägung sowohl für die Entwicklungsbegleitung von Kindern hinderlich als auch berufspolitisch schädlich für den Stellenwert der Kindergartenpädagogik. Richtig ist, daß Pädagogik immer etwas mit dem eigenen ‚Mensch-Sein‘ zu tun hat, damit vor allem aus der Beziehung zu Kindern *kein* ‚pädagogisches Verhältnis‘ wird. Nichts ist in der Arbeit mit Kindern hinderlicher, als wenn ‚Erziehung‘ vor allem unter dem Aspekt der ‚Methodenorientierung‘ verstanden wird, weil lebendige Mensch-Beziehungen dabei auf ‚Rollenbegegnungen‘ reduziert werden. Und dennoch ist Pädagogik nichts grundsätzlich Natürliches, bei dem es lediglich darum geht, den eigenen Vorstellungen von Richtigkeit zu gehorchen und diese auf Kinder zu übertragen. Denn wenn dem so wäre, würden alle Pädagogik-Bücher – auch dieses – völlig überflüssig sein, würde jegliche Ausbildung ihren Sinn verlieren, und alle Fort- und Weiterbildungsveranstaltungen verlören ihre Bedeutung. Ebenso ist eine beziehungsorientierte Pädagogik sicherlich von einer Emotionalität geprägt, in der es darum geht, mit Kindern Erlebnissen und Erfahrungen nachzuspüren. Allerdings darf ein ‚Mitfühlen‘ nicht dazu führen, daß die gesamte Pädagogik auf den Bereich ‚Emotionalität‘ eingegrenzt wird. Pädagogik lebt auch davon, daß fachliche Kompetenzen ihren breiten Raum in der Arbeit mit Eltern und Kindern erhalten, in dem Überlegungen, Zielformulierungen und ein sinnverbundenes Hintergrundwissen ihren praktischen Niederschlag finden. Pädagogik als eine hohe Ausprägung gelebter Emotionalität wird immer dann auf Grenzen stoßen, wenn Fachlichkeit und Sachorientierung, Didaktik und methodisches Wissen gefragt sind. Sie wird sich dort zum Spielball unterschiedlicher Interessen machen lassen, wo die eigene Emotionalität Raum für Unsachlichkeit provoziert und Beziehungskämpfe initiiert, die Problemlösungen verhindern.

Die Vorstellung zum Berufsbild der Erzieherin, daß es in diesem Beruf im Gegensatz zu anderen Tätigkeiten eher weniger Streß und Ärger gibt, ist sicherlich ein lobenswerter Wunsch, doch hat er mit der Realität wenig zu tun. Wenn in einer gedachten Gegenüberstellung von ‚technischen Berufen' und ‚pädagogischen Arbeitsfeldern' der Gedanke vorherrscht, daß das eine ‚Anspannung' und das andere ‚Entspannung' bedeutet, so wird an dieser Stelle eine Utopie aufgebaut, die eher alten, herkömmlichen Vorstellungen entspricht, wie etwa der, daß der Kindergarten eine „Quelle des Wohlfühlens, eine Insel der Annahme und ein Ort des zufriedenen Spiels" darstelle. Kindergartenpädagogik ist ebensowenig eine streßfreie Tätigkeit wie ein Ort, sich ganz und gar auf musische Individualerlebnisse einlassen zu können. Immer mehr sehen Eltern elementar-pädagogische Einrichtungen als einen Platz an, in dem Kinder Verhaltensweisen lernen, die in ihrer Entwicklung noch kaum oder zu wenig ausgeprägt sind. Der Kindergarten als eine zweite ‚Sozialisationsinstanz' neben dem Elternhaus – damit sind auf seiten der Erwachsenen Erwartungen vorhanden, die der Kindergarten erfüllen soll.

So stellt sich die Frage, welche Berufsmotivation denn ihre Berechtigung hat und welcher Beweggrund für beide Seiten – Kinder und Erzieherinnen – hilfreich ist. Die Antwort ist einfach:

Der Beruf der Erzieherin wird dort für die eigene Person, für Eltern und Kinder, Kolleginnen und Öffentlichkeit hilfreich sein, wo ein

- großes Interesse an persönlichem Wachstum,
- starker Wunsch nach Selbsterfahrung,
- ständiger Wunsch nach professioneller Fachlichkeit,
- reflektiertes Arbeiten,
- realistisches Wahrnehmen der Gegenwart und ein
- aktives Suchen nach Sinnzusammenhängen
zur täglichen Praxis gehören.

Der Beruf einer Erzieherin lebt sicherlich auch aus idealen Vorstellungen; besser ist es allerdings, wenn eigene Vorstellungen im Hinblick auf bewußt erarbeitete Ideale gegründet werden. Immer dann, wenn berufliche Motivationen auf Bildern und Vorstellungen basieren, die weit entfernt von der Realität sind, werden Enttäuschungen, Mutlosigkeit und Resignation zum Wegbegleiter der Praxis. Wo aber realistische, klare und überprüfbare Motivatoren zu finden sind, kann ‚ein Haus gebaut werden, das auf einem festen Fundament steht'.

b) Helferinnen-Selbstverständnis

Eine weitere Möglichkeit, die eigene Identität zu erfahren und zu Beginn der Berufstätigkeit auszubauen, liegt sicherlich in dem kompetenten Versuch, das eigene ‚Helfer-Selbstverständnis' zu reflektieren. Es darf nicht angehen, daß Mitarbeiterinnen in sozial-pädagogischen oder sozialtherapeutischen Arbeitsfeldern mehr auf ihre Aufgabe konzentriert sind, sich um andere zu kümmern, als die eigene Person zunächst in den Mittelpunkt der Betrachtung zu stellen. Es wurden bisher viele Versuche unternommen, Begründungen für die Berufsentscheidung, sich mit anderen Menschen auseinanderzusetzen, zu liefern, doch scheint z.Zt. immer noch das Modell von Wolfgang Schmidtbauer dafür am geeignetsten, der Helfermotivation auf die Spur zu kommen. Dies ist nicht nur aus dem Grunde bedeutsam, sich strukturiert zu hinterfragen, sondern auch, um die unmittelbaren Auswirkungen auf andere zu erfassen, sind sie es doch, die letztendlich persönliche Strukturen der pädagogischen Fachkräfte ‚auszuhalten' haben.

Wolfgang Schmidtbauer entscheidet in seiner vielbeachteten Veröffentlichung *„Helfen als Beruf"* (Reinbek 1983) vier Typisierungen, die in der Praxis anzutreffen sind:

- Opfer des Berufs,
- Spalter,
- Perfektionist,
- Pirat.

Wenden wir uns im folgenden den einzelnen Typisierungen näher zu.

- Das „Opfer des Berufs": hier finden wir die Helferinnen, deren Leben ganz von ihrer beruflichen Identität ausgezehrt ist. Schon beim morgendlichen Aufstehen sind die ersten Gedanken auf die Arbeit und den beruflichen Alltag gerichtet, und auch die letzten Gedanken vor dem Schlafengehen zielen auf eine Rückschau des Arbeitstages, bzw. auf eine gedankliche Vorplanung des bevorstehenden Tages. Grenzen zwischen Privatem und Beruflichem werden kaum gezogen, weil die Gedanken-, Gefühls- und Handlungswelt auf die Arbeit ausgerichtet ist. ‚Müssen noch Vorhaben für morgen vorbereitet werden? Haben die Eltern die notwendigen Informationen für den Ausflug bekommen und ist alles mit den Kolleginnen deutlich abgesprochen worden? Was ist noch zu besorgen, und welches Elternteil bedarf einer besonderen Unterstützung bei der Übernahme bestimmter Teilaufgaben?' Diese oder ähnliche Fragen ziehen sich dabei wie ein roter Faden durch die

Überlegungen der Erzieherin und lassen es einfach nicht zu, in Ruhe abzuschalten und sich ganz und gar (!) den privaten Dingen des Lebens zu widmen. Der Beruf wird dabei fast immer zum Rettungsring für das eigene Leben, zumal viele Möglichkeiten bestehen, private Sorgen oder ungeklärte Situationen hinter der Fülle beruflicher Aktivitäten – getarnt als Notwendigkeiten – zu verstecken. Eines ist den pädagogischen Mitarbeiterinnen, die diese Merkmale zeigen, durchaus sicher: Sie erhalten Anerkennung („Super, daß wir dich haben. Ohne deine Hilfe wäre es bestimmt wieder einmal nicht so gut gelungen.") und spüren auf deutliche Weise, daß sie gebraucht werden. Das besondere Drama liegt häufig darin, daß einerseits diese „Opfer des Berufs" tatsächlich sehr angenehme Mitarbeiterinnen sind, andererseits aber auch von manchen Kolleginnen belächelt werden, *weil* sie mit hohem Einsatz für den guten Verlauf von Vorhaben sorgen und damit die Inaktivität der anderen unterstützen. Sehr plastisch und klar formulierte es eine Erzieherin einmal so: „Die Frau … ist ganz schön bescheuert; sie rackert sich ab und setzt sogar noch in ihrer Freizeit Kräfte ein. Das würde ich bei diesem Gehalt einfach nicht tun. Gut ist aber, daß sie es tut, weil niemand von uns soviel Einsatz bringen würde." Wie gerade erwähnt, ist die hohe Aktivität natürlich nicht völlig selbstlos, so daß auch bestimmte Auswirkungen auf andere durchaus sichtbar sind. Pädagogische Mitarbeiterinnen dieses Typus

– zeigen sich auf der Beziehungsebene dann enttäuscht, wenn persönliche Erwartungen nicht erfüllt werden, anstatt deutlich und klar das Problem der Inhaltsebene zu identifizieren;

– haben Schwierigkeiten damit, Aufgaben abzugeben oder Tätigkeiten zu delegieren, in der Annahme, daß, wenn diese bestimmte Aufgabe von einem selbst erledigt wird, dies mit Sicherheit korrekt und akzeptabel ausgeführt wird;

– bieten sich trotz hoher Arbeitsbelastung bei neuen Anforderungen gerne an, auch diese Tätigkeit noch zu übernehmen, und setzen sich deutlich dafür ein, den Arbeitsauftrag zu bekommen;

– haben Schwierigkeiten, Vereinfachungen von Arbeitsprozessen zu übernehmen, wenn gleichzeitig damit ein Verabschieden von üblichen, gewohnten Arbeitsvorgängen verbunden ist. „Die Vergangenheit hat gezeigt, daß das bisherige Vorgehen durchaus brauchbar ist, auch wenn es im Verhältnis zum neuen komplizierter und aufwendiger zu sein scheint";

– sind unermüdlich im Einsatz und provozieren bei den Mitarbeiterinnen das Gefühl, selbst ‚weniger tauglich' oder ‚unvollkommen' zu sein.

Versuchen Sie, liebe Leserin, einmal an dieser Stelle eine Bestandsaufnahme Ihrer Helfertätigkeit vorzunehmen auf der Grundlage folgender Arbeitshilfe:

Bestandsaufnahme zum eigenen Helfertypus „Opfer des Berufes"

Merkmale: a)

b)

c)

d)

e)

f)

Vorteile:	Nachteile:
a) im Beruf	a) im Beruf
b) privat	b) privat

● „Spalter" zeichnen sich vor allem dadurch aus, daß sie in ihrem Leben zwei Rollen spielen. Auf der einen Seite gibt es den Beruf, der geprägt ist von vielen annehmbaren Verhaltensweisen:
– Verständnis für andere,
– Rücksichtnahme auf besondere Umstände,
– Einfühlsamkeit im Umgang mit Kindern, Eltern und Kolleginnen,
– Verantwortungsübernahme,
– reflektiertes Verhalten in der Arbeit,
– Beachtung von Sinnzusammenhängen bei Elternberatungen, Besprechungen, Zielformulierungen in der Arbeit mit Kindern.

Alle Personen, die mit pädagogischen Mitarbeiterinnen dieses Typus umgehen, sind geprägt von der Erfahrung, daß sie es mit einem Menschen zu tun haben, der durch personale und fachliche Kompetenzen in hohem Maße geeignet ist, den hohen Anforderungen der pädagogischen Praxis gewachsen zu sein. Insoweit wähnt sich ein Mitarbeiterinnenteam glücklich, genau diesen Menschen in den eigenen Reihen zu haben. Gleichzeitig – und das ist bei der Betrachtung wichtig – ist der „Spalter" in seinen eigenen vier Wänden ein völlig veränderter Mensch. Ist er in der Arbeit vor Ort in hohem Maße aktiv, fällt er zu Hause in eine Form der Passivität, indem er darum bittet, nun endlich seine Ruhe haben zu wollen. Hat er auf der Arbeitsstelle Verständnis für alle Widrigkeiten gezeigt, läßt er sich zu Hause von leichten Irritationen aus der Bahn werfen und bittet darum, daß andere das Problem lösen. Reagierte er noch im Kindergarten mit viel Empathie, hat zu Hause seine Einfühlsamkeit deutliche Grenzen, die er auch mit Vehemenz verteidigt. Waren es in der Einrichtung noch abgesicherte pädagogische Aussagen, die er in einem Gespräch mit Eltern diskutierte, sind es dagegen zu Hause eher emotionale Grundzüge, die sein Verhalten bestimmen. Worum es also geht, sind die Widersprüche im Leben eines „Spalters" zwischen dem direkten Verhalten im pädagogischen Arbeitsfeld und im privaten Bereich. Ähnliche Verhaltensweisen finden wir bei verschiedenen Gelegenheiten:
– auf der einen Seite wird von pädagogischen Fachkräften während eines Elternabends auf die frühe Bestimmung durch die Medien Fernsehen oder Video hingewiesen, auf der anderen Seite wird selber in hohem Maße von den Medien Gebrauch gemacht;
– auf der einen Seite wird in der Pädagogik ein hohes Bewußtsein hinsichtlich richtiger Ernährung verlangt, auf der anderen Seite fallen die pädagogischen Grundsätze im Urlaub oder zu Hause nicht ins Gewicht;
– auf der einen Seite wird in der Pädagogik ein großer Wert auf die

Umgangskultur gelegt, auf der anderen Seite werden zu Hause umgangskulturelle Werte bei Streitigkeiten und Auseinandersetzungen „vergessen", in dem Bewußtsein, daß niemand von außen das Geschehen beobachtet.

„Spalter" verhalten sich in ihren persönlichen Beziehungen völlig anders als im beruflichen, dem öffentlichen Arbeitsfeld. Eine der vielen Überlebensstrategien besteht vor allem darin, daß die unterschiedlichen Verhaltensweisen von anderen nicht entdeckt werden dürfen, zumal es Irritationen in hohem Maße auslösen würde. Oder wären Sie als Leserin nicht überrascht, wenn eine Kollegin

– im Kindergarten Wert auf Ordnung legt, und auf der anderen Seite zu Hause eine gewisse Unordnung genießt;

– bei der Arbeit die Gefahren von Süßigkeiten den Kindern verdeutlicht, und auf der anderen Seite bei einem Besuch mit Süßigkeiten aufwartet;

– in der Arbeit mit Kindern Wert auf Offenheit und einen direkten Umgang miteinander legt, und auf der anderen Seite bei einem Kolleginnenbesuch über eine nichtanwesende Mitarbeiterin spricht;

– während eines Gesamtelternabends die Gefahren eines maßlosen Konsumierens beschwört, und auf der anderen Seite einen Schrank voll mit Kleidung hat, so daß schon die Frage berechtigt ist, in welchem Ausmaß wir selbst in eine Konsumhandlung verstrickt sind, so daß wir kaum mehr merken, wie Konsumorientierung auch unser eigenes Leben bestimmt;

– den hohen Wert des Spielens für die Entwicklung von kleinen und großen Menschen hervorhebt, und selber zu Hause kaum Spiele besitzt, bzw. in ihrer freien Zeit kaum selber spielt;

– den Kindern in der Arbeit versucht zu verdeutlichen, wie wichtig es ist, sich gegenüber ungerechtfertigten Ansprüchen deutlich zur Wehr zu setzen, und auf der anderen Seite eher indirekt über Arbeitsanforderungen oder ungünstige Bedingungen klagt, ohne diese deutlich und klar an den dafür Verantwortlichen heranzutragen;

– Kinder dazu motiviert, Konflikte miteinander auszutragen, und auf der anderen Seite sich davor scheut, Mitarbeiterinnenkonflikte auf den Punkt zu bringen, in der Sorge, daß dadurch möglicherweise das Arbeitsklima noch mehr belastet werden könnte;

– im Kindergarten dafür plädiert, sich Zeit und Ruhe zu gönnen, und auf der anderen Seite zu Hause in so viele Aktivitäten verstrickt ist, daß sie kaum Zeit zur Entspannung hat?

Versuchen Sie, liebe Leserin, einmal an dieser Stelle eine Bestandsaufnahme Ihrer Helfertätigkeit vorzunehmen auf der Grundlage folgender Arbeitshilfe:

Bestandsaufnahme zum eigenen Helfertypus „Spalter"

Welche *Werte* propagiere ich in meiner Einrichtung:

a) im Umgang mit KollegInnen

b) im Umgang mit Kindern

c) im Umgang mit Eltern

d) im Auftreten in der Öffentlichkeit?

Welche *Werte*, die ich im Kindergarten propagiere,

a) zeige ich auch konsequent im privaten Bereich

b) zeige ich *nicht* konsequent im privaten Bereich?

● Der „Perfektionist" ist von dem überaus großen Drang bestimmt, zu jeder Zeit und an allen Orten stets das Beste zu geben, um vor sich selbst und anderen bestehen zu können. Nichts ist ihm gut genug, immer gibt es noch Möglichkeiten, Begonnenes oder sogar Fertiggestelltes zu verbessern. Dabei setzt sich der „Perfektionist" selbst einem großen Druck aus, weil es für ihn den Begriff Zufriedenheit so recht gar nicht gibt. Er betrachtet die Welt als einen unvollkommenen Zusammenschluß halbfertiger Anfänge, die er in seinem Lebensbereich ständig und überall zu lösen versucht. Dabei trägt er gleichzeitig das traurige Los in sich, bei seinem steten Streben nach guten Leistungen dies auch auf spontane, gefühlsorientierte Erlebnisse und Erfahrungen zu übertragen. Nichts kann als Freude oder Lebensgenuß so stehenbleiben, wie es ist; immer kommen neue Gedanken auf, was denn aus diesem bestimmten Vorhaben oder Erleben an angenehmen oder unangenehmen Konsequenzen entstehen könnte. Emotionalität wird von ihm durchaus als wichtig erkannt – wohlgemerkt auf kognitiver Ebene, wobei das Spüren der Gefühle gerade durch die Rationalität eingeschränkt wird. Spontaneität ist ein Ziel seiner Arbeit, doch auch hier gibt es für ihn aufgrund seiner kognitiven Ausrichtung keine wirklichen Spontanerlebnisse. Mitarbeiterinnen dieses Helfertyps zeichnen sich im Team durch schätzenswerte Eigenschaften aus: sie

– haben ein hohes Reflexionsvermögen,
– sind in fachlichen Fragen sehr kompetent,
– besuchen viele Fort- und Weiterbildungsveranstaltungen, um den eigenen Fachansprüchen gerecht zu werden,
– sind in ihren Entscheidungen klar,
– erkennen Sinnzusammenhänge und bringen diese präzise zur Diskussion,
– leiten Teamsitzungen strukturiert und legen Wert auf eine übersichtliche Protokollführung,
– können Ungenauigkeiten durch präzises Nachfragen aufdecken,
– versuchen Mitarbeiterinnen auf Punkte in der Arbeit hinzuweisen, die zu berücksichtigen sind, und
– planen ihre Arbeit sorgfältig und abgesichert nach aktuellen Ergebnissen aus der elementarpädagogischen Forschung.

Gleichzeitig steht aber ein starkes Bemühen im Vordergrund, nie den Überblick, die Übersicht zu verlieren, weil das Gefahren beinhaltet, mit Ereignissen rechnen zu müssen, die im voraus nicht abzuschätzen sind. Irritationen können Schwächen aufdecken und in ein persönliches Chaos führen, bei dem die Vernunft nicht hilfreich zur Seite steht. Da sein hoher Anspruch nach Perfektion und sein Leistungsbemühen aber auch auf den Gefühlsbereich übertragen werden, lassen Planung und Gedankenstrukturen keinen Platz für unkontrollierte Emotionen:

– empfundene Trauer wird nur bis zu dem Punkt zugelassen, wie er glaubt, damit umgehen zu können;

– gespürter Ärger wird zwar geäußert, doch stets in rationalisierten Formen nach außen gebracht;

– erlebte Freude ist zwar durchaus ein Teil seiner Persönlichkeit, doch wird auch hier Wert darauf gelegt, die Kontrolle – die Beherrschung – nicht zu verlieren;

– aufkommende Angst wird zwar als ein Teil des Lebens akzeptiert, doch wird an dem Punkt, wo Angst in ein persönliches Erschrecken übergeht, die Vernunft zur Bewältigung eingesetzt, um tiefen Erlebnissen aus dem Weg zu gehen.

Der Helfertypus „Perfektionist" ist damit immer auf der Suche, bei privaten und beruflichen Ereignissen die Fassung zu behalten; gleichzeitig fühlt er sich angetrieben, Auslöser und Hintergründe für Geschehnisse zu begreifen. Mitarbeiterinnen können in ihren vielfältigen Tätigkeiten durchaus den Versuch machen, ihre eigenen Kompetenzen umzusetzen – Perfektionisten werden sehr häufig zwar den Versuch zu würdigen wissen, doch immer noch einen Hinweis zur Verbesserung parat haben. Der Perfektionist ist damit das schlechte Gewissen in der Einrichtung, schließlich hat er tatsächlich eine bessere Fachkompetenz als andere. In der Arbeit mit Kindern zeigt sich sein persönliches Drama auf eine ganz besondere Art:

– Werkarbeiten (oder wie es vor Jahren noch hieß: Basteltätigkeiten) müssen auf eine ganz bestimmte Art und Weise gestaltet werden;

– Schablonen sind aus dem Grunde hochgeachtet, weil damit die Zeichen- bzw. die Schneidevorstellungen den Ansprüchen der Erwachsenen entsprechen;

– aufgebaute Spielszenen sind häufig am Ende eines Kindergartentages wieder abzubauen, damit der Gruppenraum wieder ordentlich aussieht;

– Tagesabläufe sind durchstrukturiert und lassen Kindern kaum Platz für die Umsetzung eigener Ideen;

– Spielaktivitäten, die mit Risiken für Kinder verbunden sind, werden mit dem Hinweis auf die Aufsichtspflicht untersagt;

– festgelegte Regeln haben ihre Bedeutung darin, daß sie von Erwachsenen für grundsätzlich richtig, und damit für Kinder als verbindlich angesehen werden, auch wenn ihr Sinn nicht nachvoll-

ziehbar ist (z.B. die Anordnung, daß nur eine bestimmte Anzahl
von Kindern sich in einer bestimmten Funktionsecke im Kinder-
gartenraum aufhalten darf);
– Fortbildung wird eher unter dem Aspekt einer ‚Methodenorientierung‘ ausgesucht und wahrgenommen (z.b. Sprachtraining für
sprechgestörte Kinder; Wahrnehmungsförderung im Vorschulbe-
reich etc.);
– „Vorschularbeit" hat trotz vieler Belege im Hinblick auf ihre Un-
sinnigkeit ihren festen Platz in der Kindergartenarbeit;
– altersgleiche Aktivitäten werden im Sinne einer altersgerechten
Förderung aufrechterhalten, um bestimmte Ergebnisse vorweisen
zu können.

Diese und viele weitere Beispiele zeigen deutlich, daß ein bestimmtes Helferverständnis nicht nur die pädagogische Mitarbeiterin selber in eine ganz spezifische Handlungsausrichtung bringt,
sondern auch die Qualität der pädagogischen Arbeit in einer besonderen Art und Weise prägt. Nicht selten ist es der Kindergarten,
der schon durch sein äußeres Erscheinungsbild einen deutlichen
Rückschluß auf das pädagogische Verständnis der pädagogischen
Mitarbeiterinnen preisgibt: dort, wo gleiche Fensterbilder oder
Mobiles anzutreffen sind, wo Flur und Gruppenräume einen mehr
als sauberen Eindruck hinterlassen und wo selbst während der
Kinderspiele auf Ordnung geachtet wird, bleibt Mitarbeiterinnen
und Kindern wenig Platz, sich frei zu entfalten und spontanen Bedürfnissen Ausdruck zu geben. Vor allem aber, und das ist im Sinne einer kindorientierten Entwicklungspädagogik nicht förderlich,
werden auch Kindergefühle in großer Breite erörtert und diskutiert, so daß Kinder weniger in ihren Gefühlen leben können, als
daß sie sich vielmehr dazu aufgefordert fühlen, mit Erwachsenen
zu sprechen. Emotionalität wird auch hier rationalisiert, zumal es
dem Helfertypus „Perfektionist" selber Schwierigkeiten bereiten
würde, Gefühle spontan und ausgiebig zu erleben. Eltern, die an
Kinder hohe Leistungsansprüche haben, werden von diesem Kindergarten mit Mitarbeiterinnen dieses Helferverständnisses begei-
stert sein, ohne zu verstehen, daß Kindern in diesem Entwick-
lungsabschnitt etwas fehlt.

Versuchen Sie, liebe Leserin, einmal an dieser Stelle eine Bestandsaufnahme Ihrer Helfertätigkeit vorzunehmen auf der Grundlage folgender Arbeitshilfe:

Bestandsaufnahme zum Helfertypus „Perfektionist"

Welche spontanen Ereignisse in der Arbeit mit Kindern machen mich glücklich?

a)

b)

c)

d)

e)

f)

Wo, wann und wie habe ich in der Arbeit mit Kindern ein hohes Maß an Risikofähigkeit gezeigt?

a)

b)

c)

d)

e)

f)

Wo, bei was und in welcher Form fällt es mir schwer, mich bei meinem Streben nach Leistung auf Bedürfnisse und Interessen von Kindern spontan einzulassen?

a)

b)

c)

d)

e)

f)

● Schließlich nennt Schmidtbauer den vierten Helfertypus, den „Piraten", der seine beruflichen Möglichkeiten, enge Beziehungen herzustellen und zu kontrollieren, für seine persönlichen Bedürfnisse nutzt. Auf der einen Seite sucht er zu Kindern, Eltern und Mitarbeiterinnen eine enge, herzliche und offene Beziehung, in der eine Vertrauensbasis entsteht, durch die Personen das Gefühl haben, sich der pädagogischen Mitarbeiterin ganz öffnen zu können. Kinder, Eltern und Kolleginnen berichten dabei von ihren persönlichen Nöten, Ängsten und Sorgen, im Vertrauen darauf, daß ihre Erzählungen wie ein gutes Geheimnis bewahrt bleiben. „Piraten" zeichnen sich durchaus mit hilfreichen Verhaltensweisen aus: sie
- können gut zuhören,
- lassen den anderen bei ihrer Selbstexploration Zeit,
- besitzen ein starkes Einfühlungsvermögen,
- sind mit Bewertungen der Ereignisse zurückhaltend,
- vertiefen Problemgespräche konstruktiv,
- halten sich mit persönlichen Eingaben zurück, um anderen Platz zu lassen,
- haben eine hohe Fachkompetenz,
- sind bemüht, auch fremde Angelegenheiten zu begreifen und
- engagieren sich zusammen mit der anderen Person für ein Vorhaben.

Allerdings – und darin liegt die Gefahr – gebrauchen pädagogische Mitarbeiterinnen dieses Helfertypus die gewonnenen Informationen dazu, selber auf einem hohen Informationsstand zu sein und gleichzeitig den Überblick über vergangenes und aktuelles Geschehen zu haben. Kontrolle ist für sie aus dem Grunde wichtig, weil sie den Anspruch an sich selber haben, Ereignisse und Vorhaben jederzeit mitgestalten zu können. Es wäre für sie ein Ausdruck der Schwäche, von einer neuen, bisher unbekannten Information überholt zu werden, so daß jemand anderer einen größeren Wissensstand besitzt als er selber. Das Verhältnis zwischen ihm und anderen ist solange in Ordnung, wie seine Person, seine Fachkompetenz und sein Engagement beachtet und geschätzt werden. Von dem Augenblick an, wo Kritik laut wird, wo Widersprüche aufgedeckt werden oder der Wunsch besteht, sich von der pädagogischen Mitarbeiterin innerlich zu lösen, beginnt für den „Piraten" die Phase des Kampfes. Dieser findet dabei auf unterschiedlichen Ebenen und in unterschiedlicher Ausprägung statt.

Auf der einen Seite kann es zu Vorhaltungen kommen, die sich z.B. auf folgende Art zeigen:

„Hab' ich nicht die ganze Zeit immer für dich ein offenes Ohr

gehabt? Und jetzt, wo du anderer Meinung bist, läßt du mich einfach fallen." Oder:
„Wer war denn bisher immer für dich da und hat dafür gesorgt, daß es dir besser geht?" Oder:
„In der Vergangenheit war ich gut genug für dich. Da hat sich niemand um dich gekümmert, außer mir."

Auf der anderen Seite werden jetzt Informationen ‚von damals' ausgepackt und der anderen Person vorgehalten:
„Wer kam denn damals völlig fertig zu mir und hat mich darum gebeten, ihm zu helfen?" Oder:
„Kannst du dich nicht mehr daran erinnern, als du mir damals gesagt hast, du bräuchtest mich, weil dir niemand so intensiv zuhört?" Oder:
„Ich kann mich gut daran erinnern, als du damals sagtest, du seist sehr spontan und wüßtest gar nicht, was dich manches Mal dazu führt, so gräßlich zu deinen Mitmenschen zu sein. Und genau das zeigst du jetzt." Oder:
„Als du damals bei uns angefangen hast, brauchtest du Orientierungs- und Handlungshilfen. Die habe ich dir auch gerne bis heute gegeben. Jetzt, wo du meinst, alleine zurechtzukommen, verhältst du dich nach dem Motto: Der Mohr hat seine Schuldigkeit getan."
Oder: „Du sagtest damals, daß ich vieles, was du äußerst, nicht ernstnehmen soll, weil du dir mit deiner Spontaneität selber Fallen baust. Ich frage mich, ob ich dir jetzt glauben soll oder nicht."

Auf einer ähnlichen Ebene kann auch ein Verhalten gegenüber Kindern beobachtet werden, weil es den Menschen dieses Helfertypus schwerfällt, Kinder sich selbst zu überlassen, daß sich diese in Situationen aufhalten, die dem Blick der pädagogischen Mitarbeiter verschlossen sind; etwa beim Rückzug in Höhlen, beim Alleinsein im Garten oder beim selbständigen Lösen von Problemen. Kinder werden dabei einerseits auf die „objektiven" Gefahren aufmerksam gemacht, die aber eher „subjektiven Gefahreinschätzungen" entsprechen, andererseits mit moralisierenden Hinweisen konfrontiert. Etwa in folgender Weise:
„Ich habe euch doch davor gewarnt, auf den Baum zu klettern. Da wundert es mich überhaupt nicht, daß du runtergefallen bist und jetzt weinst."
Oder: „Wenn du von anderen draußen verhauen wirst und nicht wie abgesprochen im Gruppenraum bleibst, kann ich dir auch nicht helfen."
Oder: „Hättest du auf mich gehört, wäre jetzt das Drama nicht da."

Versuchen Sie, liebe Leserin, einmal an dieser Stelle eine Bestandsaufnahme Ihrer Helfertätigkeit vorzunehmen auf der Grundlage folgender Arbeitshilfe:

Bestandsaufnahme zum Helfertypus „Pirat"

Welche Situationen fallen mir ein, in denen ich Macht haben möchte:

1. über KollegInnen
   a)
   b)
   c)
   d)

2. über Kinder
   a)
   b)
   c)
   d)

3. über Eltern?
   a)
   b)
   c)
   d)

Welche Situationen gibt es, in denen ich mich veranlaßt fühle, Kontrolle auszuüben, und warum scheint sie notwendig zu sein?

Situation a)	Begründung:
Situation b)	Begründung:
Situation c)	Begründung:

Annäherung an die eigene IDENTITÄT bedeutet in diesem Zusammenhang, sich mit den Beweggründen des Berufswunsches auseinanderzusetzen und anschließend *den* Merkmalen auf die Spur zu kommen, die einem bestimmten Helfertypus entsprechen. Sicherlich geht es nicht darum, im Zweifel der Erkenntnis Trübsal zu blasen oder sich entdeckt zu fühlen. Identität erfahren setzt dort an, den eigenen Mustern dadurch Paroli zu bieten, indem pädagogische Mitarbeiterinnen den Mut aufbringen, sich den Grundsatzfragen zu stellen, um aus dem Verstehen heraus mögliche bzw. notwendige neue Handlungsschritte zu entwerfen.

Gleichzeitig sollte bei der Aufgabenstellung nicht ein perfektionierter Anspruch im Vordergrund stehen, *alle* Merkmale in *einem* Helfertypus wiederzufinden. Vielleicht gibt es ja in allen Zuordnungsversuchen die eine oder andere Verhaltensweise, die bei genauerer Reflexion wiedererkannt wird.

Nehmen Sie sich daher die Zeit, in Ruhe und unter Zuhilfenahme vieler, vieler Beispiele eine Zuordnung zu schaffen, bei der sicherlich eine *Bündelung* bestimmter Häufigkeiten festzustellen ist.

Vielleicht haben Sie sogar den Mut, gemeinsam in der Mitarbeiterinnengruppe eine Selbst- und Fremdeinschätzung zu versuchen, um in einem Basisgespräch über persönliche Beobachtungen Klärung darüber zu schaffen, welche Unterschiede bzw. Gemeinsamkeiten die Arbeit so gestalten, wie sie ist.

Sicherlich gehörten zu einem solchen Arbeitsvorhaben Mut und Offenheit. Nun gibt es *zwei* Ansätze, die je nach persönlicher Meinung zum Tragen kommen:

● Die einen sagen, daß in der Mitarbeiterinnengruppe nicht die Offenheit besteht, ein solches Informations- und Klärungsgespräch durchzuführen.

● Die anderen sagen, daß Offenheit erst dadurch erreicht werden kann, *wenn* der Mut aufgebracht wird, sich vor den anderen Mitarbeiterinnen zu öffnen.

Das eine Mal wird Offenheit als Voraussetzung angesehen, das zweite Mal als Ergebnis eines Prozesses, sich auf ein Risiko einzulassen. Sollten Sie sich für den zweiten Weg entschieden haben, bietet sich folgendes Arbeitsblatt an:

Bestandsaufnahme zur Selbst- und Fremdeinschätzung der Mitarbeiterinnen in der Einrichtung

In der folgenden HELFERBILANZ geht es darum, sich selber und die Mitarbeiterinnen im Hinblick auf die Helfertypologien einzuschätzen: Wer ist wer?

selber _____

Begründung:

Beispiele aus der Praxis:

Mitarbeiterin A: _____

Begründung:

Beispiele aus der Praxis:

Mitarbeiterin B: _____

Begründung:

Beispiele aus der Praxis:

Mitarbeiterin C: _____

Begründung:

Beispiele aus der Praxis:

Mitarbeiterin D: _____

Begründung:

Beispiele aus der Praxis:

Weiterführende Literatur zum Thema „Helfen als Beruf"

Abele, Andrea und Becker, Peter: Wohlbefinden. Juventa Verlag, Weinheim 1991.

Beattie, Melody: Die Sucht gebraucht zu werden. Heyne Verlag, München 1990.

Berry, Carmen R.: Die Erlöserfalle. Lust und Frust der Helfertypen. Kösel Verlag, München 1990.

Bierhoff, Hans Werner und Montada, Leo: Altruismus. Bedingungen der Hilfsbereitschaft. Verlag Hogrefe, Göttingen 1988.

Bierhoff, Hans Werner: Psychologie hilfreichen Verhaltens. Kohlhammer Verlag, Stuttgart 1990.

Bronsberg, Barbo und Vestlund, Nina: Ausgebrannt – Die egoistische Aufopferung. Heyne Verlag, München 1987.

Chodorow, Nancy: Das Erbe der Mütter. Verlag Frauenoffensive, München 1985.

Covington, Stephanie und Beckett, Liana: Immer wieder glaubst du, es ist Liebe. Wege aus der Beziehungssucht. Kösel Verlag, München 1990.

Geue, Bernhard: Wie ich mir das Leben zur Hölle mache – und andere erfolgreiche Strategien, sich selbst zu schaden. Kreuz Verlag, Zürich 1990.

Hamburger, Käte: Das Mitleid. Verlag Klett Cotta, Stuttgart 1985.

Hunt, Morton: Das Rätsel der Nächstenliebe. Der Mensch zwischen Egoismus und Altruismus. Campus Verlag, Frankfurt 1992.

Johnson, Robert A.: Traumvorstellung Liebe. Walter Verlag, Olten/Freiburg 1985.

Kristeva, Julia: Fremde sind wir uns selbst. Suhrkamp Verlag, Frankfurt 1990.

Laing, Ronald D.: Das geteilte Selbst. Verlag Kiepenheuer & Witsch, Köln 1972.

Laing, Ronald D.: Das Selbst und die Anderen. Rowohlt Taschenbuch Verlag, Reinbek/Hamburg 1977.

Missildine, W. Hugh: In dir lebt das Kind, das du warst. Vorschläge zur Bewältigung des Alltags. Verlag Klett Cotta, Stuttgart 9. Aufl. 1990.

Norwood, Robin: Wenn Frauen zu sehr lieben. Rowohlt Verlag, Reinbek/Hamburg 1986.

Nuber, Ursula: Die Egoismus-Falle. Warum Selbstverwirklichung oft einsam macht, Kreuz Verlag, Zürich 1993.

Roeck, Bruno Paul de: Jeder ist seines Unglücks Schmied. Rezepte, um sich selbst in Schwierigkeiten zu bringen. Burckhardthaus Verlag, Offenbach 1984.

Schaef, Anne Wilson: Im Zeitalter der Sucht. Verlag Hoffmann und Campe, Hamburg 1989.

Schaeffer, Brenda: Wenn Liebe zur Sucht wird. Heyne Verlag, München 1989.

Scheidt, Jürgen vom: Innenwelt-Verschmutzung. Die verborgenen Aggressionen. Fischer Taschenbuch Verlag, Frankfurt 1988.

Watzlawick, Paul: Anleitung zum Unglücklichsein. R. Piper Verlag, München [6]1983.

2. Identitätsentwicklung und Professionalität

Der Beruf von Erzieherinnen wird heute vor allem durch folgende Entwicklungen und Einflußgrößen bestimmt:

- Durch die Zunahme der Schnelligkeit gesellschaftlicher Entwicklungen steigen die Erwartungen an den Kindergarten und an die Erzieherinnen in gleichem Maße.
- Feststehende Rahmenbedingungen erschweren die Versuche, den eigenständigen Erziehungs-, Bildungs- und Betreuungsauftrag im Kindergarten umzusetzen.
- Deutliche Profilorientierungen von Erzieherinnen in Übereinstimmung mit erkannten Notwendigkeiten, wie eine real-kindorientierte Entwicklungsbegleitung von Kindern im Kindergarten aussehen muß, werden in der Öffentlichkeit eher kritisch und skeptisch bewertet, weil Träger, Verbände und Eltern in der Vergangenheit meist erlebt haben, daß die pädagogischen Mitarbeiterinnen sich den vielfältigen Außenerwartungen eher beugten als widersprachen.
- Die in Aussicht stehende Regelung des Anspruches auf einen Kindergartenplatz und die zur Zeit in einigen Kindertagesstättengesetzen formulierten Ansprüche tragen teilweise schon jetzt zu aktiver Bautätigkeit bei, mit der Folge, daß in manchen Regionen ein drastischer Erzieherinnenmangel existiert, der wiederum dadurch aufgehoben werden soll, daß „Schmalspurausbildungen für Quereinsteigerinnen bzw. bisher nichtqualifiziertes Fachpersonal" angeboten werden. Diese Entwicklung schadet ohne Zweifel der Anerkennung des Berufsstandes.
- Auf der anderen Seite kommt es in den neuen Bundesländern durch drastische Einrichtungsauflösungen in Verbindung mit zusätzlich veränderten Lebensbedingungen zu einer weiteren Verunsicherung des Berufsstandes.
- Durch die Geringschätzung der Rechte von Kindern auf der Grundlage einer humanen Akzeptanz des eigenständigen Entwicklungszeitraums Kindheit und die „Wertschätzung von Kindern als Konsumträger" wird die Sichtweise bezüglich Kinder auf die Mitarbeiterinnen der Kindergärten übertragen in folgender Ausprägung:
  a) Erzieherinnen zeigen dann eine von außen gewünschte Fachlichkeit, wenn sie „viel und ordentlich" mit Kindern arbeiten;

36

b) Erzieherinnen demonstrieren dann einen „laissez-faire" oder „anti-autoritären" Erziehungsstil, wenn sie real-kindorientierte Rechte in der praktischen Arbeit verwirklichen. D. h., unerwünschte Verhaltensweisen von Erzieherinnen werden vermehrt polarisiert und unterliegen einer starken negativen Bewertung.

● Das Festhalten an starren Ausbildungskonzepten in den Fachschulen und -akademien und die mangelnde Bereitschaft, die reale Praxis zum Ausgangspunkt einer Ausbildung zu machen, die gleichzeitig Prinzipien der Erwachsenenbildung (in Methodik und Didaktik) berücksichtigt, bereitet zukünftige Erzieherinnen auf eine idealisierte Praxis vor und geht damit an der Realität vorbei.

● Solange das Selbstverständnis von Erzieherinnen durch die Ausbildung und die Öffentlichkeit nicht deutlich unterstützt wird, solange hat es dieser Berufsstand schwer, sich als ein gleichwertiger neben anderen pädagogischen Berufen (Lehrerinnen, Heilpädagoginnen, Diplom-Sozialpädagoginnen) zu behaupten.

● Solange veränderte Lebens- und Karriereentwürfe von Frauen nicht sachorientiert von Entscheidungsträgern diskutiert und zur Kenntnis genommen werden, solange wird es einem Berufsstand erschwert, persönliche und berufliche Vorstellungen nach eigenen Planungen zu verwirklichen.

● Durch fehlende Aufstiegschancen im Beruf einer Erzieherin und eine unangemessene tarifliche Bezahlung wird der Beruf der Erzieherin nicht an Attraktivität gewinnen.

● Die geringe Bereitschaft vieler Erzieherinnen, sich berufsständisch zu organisieren, führt zu einer Vereinzelung in der Arbeit und zu einer Verringerung der Chancen, berechtigte Forderungen zu verdeutlichen.

● Eine Besinnung auf berechtigte Ideale in der Elementarpädagogik führt zu einem hohen Engagement, das aber dann an Kräften verliert, wenn Unterstützungen auf Entscheidungsebenen ausbleiben.

● Die steigenden Zahlen von alleinerziehenden Eltern und Stieffamilien, von Scheidungskindern und Kindern aus problembeladenen Familien stellen Erzieherinnen vor immer neue Anforderungen.

● Eine ständig sich entwickelnde Kommunikationstechnik, die Erweiterung der Medienvielfalt und ihre Nutzung von Kindern und Erwachsenen verändern Kinderwelten und Erlebnisformen, mit denen die Mitarbeiterinnen in Kindergärten deutlich konfrontiert sind.

● Finanzierungskrisen und Finanzprobleme von Bund, Ländern und Gemeinden sowie von Kindertagesstättenträgern führen zu Einsparungsplänen, die Kinder, Eltern und Erzieherinnen direkt und unmittelbar mitzutragen haben und die Qualität der Arbeit einseitig einschränkend beeinträchtigen.

● Beim Klärungsbedarf der Rolle, die Kindertagesstätten heute haben, sind Widersprüche an der Tagesordnung – gerade bei kirchlichen Trägern – und verunsichern die Mitarbeiterinnen in mehr oder weniger starkem Maße.

● Und schließlich tragen auch Wissenschaft und Forschung zu Irritationen bei, wenn es ihnen nicht deutlicher gelingt, Kernaussagen verständlich und klar auf den Punkt zu bringen.

a) Erwartungsgeflecht

Mitarbeiterinnen in Kindergärten sind damit in Erwartungen und Realitäten eingeflochten, die ihre Arbeit bestimmen, bzw. von denen sie sich in ihrer beruflichen Rolle bestimmen lassen. Ein identisches und professionelles Handeln verlangt, sich mit den vielfältigen und teilweise sich widersprechenden Erwartungen auseinanderzusetzen, um für sich einen eigenen Stellenwert zu beschreiben und in gegenseitiger Abstimmung zu klären.

Erwartungsgeflecht:

Öffentlichkeit – Stadt/Gemeinde

Vorklassen

Schulkindergärten

Träger

Eltern

selbst

Kinder

Grund-
schulen

andere
Kindergärten

andere (sozial-)
pädagogische
Einrichtungen

Erzieherinnen im
Erwartungsgeflecht an sie
und den Kindergarten

andere
psychosoziale/
therapeutische
Einrichtungen

Kolleginnen

Fachberater

Fortbildungsträger

Ausbildungsschulen

Schauen wir uns einmal diese Erwartungen näher an:
1. Viele *Eltern* erwarten, daß Kinder im Kindergarten eine aktive und
   zielgerichtete Unterstützung in ihrer Entwicklung erfahren,
   jeweils ausgerichtet auf eine ganz aktuelle Bewältigung von individuellen Schwierigkeiten des Kindes *und* auf zukünftige, zu erwar-
   tende Anforderungen. Im einzelnen geht es dabei vor allem um
   soziale und kommunikative Regeln für ein besseres Zusammen-
   leben *und* um eine gute, sprich zielgerichtete Vorbereitung auf
   die Schule. Um es auf den Punkt zu bringen, kann gesagt werden,
   daß viele Eltern einen großen Teil ihrer Erziehungsverantwortung
   an die Mitarbeiterinnen delegieren, ganz im Sinne eines Ver-
   ständnisses des Begriffes „familienergänzende Erziehung", der
   Gedanken in diese Richtung lenken kann. So ist das Wort „Fami-
   lienergänzung" sehr umstritten, provoziert es doch unweigerlich die Vermutung, der Kindergarten habe Aufgaben zu übernehmen, die die Familie nicht – oder nur teilweise – erfüllen kann
   oder möchte. Um in einem Bild zu bleiben: Ein zielorientiertes
   Ganzes soll durch „notwendige Teile" zu einem Vollem geführt
   werden. Werden Elternerwartungen erfüllt – unabhängig davon,
   ob Erzieherinnen hinter diesen Anforderungen stehen oder nicht
   –, so gilt der Kindergarten als gut. Die Eltern sind mit ihrem
   Kindergarten zufrieden, der Träger hört keine Klagen, und die Erzieherinnen fühlen sich angenommen und anerkannt. So einfach
   diese Formel erscheint, so richtig und problematisch zugleich ist
   sie, denn schließlich geschieht an dieser Stelle ein ‚Schulterschluß'
   zwischen „erfüllten Erwartungen und einer anscheinenden Qualität".
2. Die Öffentlichkeit – Städte und Gemeinden – erwarten von ihren
   Erzieherinnen eine Gestaltung der Arbeit, *daß* alles reibungslos
   funktioniert. Auf Veränderung ausgerichtete Erzieherinnen, auf
   Verbesserung der Rahmenbedingungen hinzielende Forderungen
   und in der Öffentlichkeit demonstrierende Erzieherinnen sind
   nicht gerne gesehen, stellen sie doch ein Bild vor, das „ungewohnt
   und Erzieherinnen unangemessen ist". Schon wird in der Öffentlichkeit die Meinung vertreten, daß Kindergärtnerinnen es doch eigentlich schon immer gut hatten: Sie könnten mit Kindern den
   ganzen Tag spielen und verdienten dabei auch noch Geld. Schauen
   wir uns diese Ansicht genauer an, kommt hierbei eine Geringschätzung des Berufsbildes zum Vorschein, zeigt sich, daß Erzieherinnen in den alten Bundesländern – im Gegenteil zu den Fachfrauen in den jungen Bundesländern – nie ein hohes Maß an gesellschaftlicher Anerkennung ihres Berufsbildes bekommen haben.

Hier wird überaus deutlich, wie die Erwartungen formuliert sind: Erzieherinnen haben für Kinder dazusein, sollen mit ihnen spielen, sie auf die Schule gut vorbereiten und ansonsten in der Versenkung verschwinden. Nicht zufällig wird noch immer von ‚Kindergärtnerinnen' oder ‚Spieltanten' gesprochen. Wer dies nicht glauben mag, sollte seine Ohren einmal auf vielen unterschiedlichen gesellschaftlichen Ebenen öffnen und die Wahrheiten anderer zum Berufsbild und zur Tätigkeit in Erfahrung bringen. Und wäre dem – trotz vieler bestätigender Belege – nicht so, dann würde die Tätigkeit in einem weitaus höheren Maße Anerkennung finden, sich in einer dem Beruf angemessenen Bezahlung ausdrücken oder sich in einem stufenweisen Aufstiegssystem zeigen. All dies ist aber *nicht* Realität. Insofern stimmt also die These, daß die Erwartungen auf ein allumfassendes Funktionieren begrenzt sind.

3. Fachberaterinnen erwarten häufig, daß die Mitarbeiterinnen in Kindergärten vor allem Konflikte konstruktiv aufgreifen und diese lösen, *ohne* daß z.b. grundlagenorientierte Gruppenanalysen durchgeführt werden, um auf realen Ergebnissen und in der Unterscheidung von Problemkernen und Mantelproblemen den ‚wahren Konfliktursachen' auf die Spur zu kommen. Fachberaterinnen sind auch in ihrer Position nicht selten überlastet, weil sie für zu viele Einrichtungen Ansprechpartnerinnen sein müssen. Darüber hinaus klagen Mitarbeiterinnen aber auch, daß „ihre Fachberater(innen)" nur ein verlängerter Arm des Trägers seien und ihre Bündnisschaften eher „mit denen da oben" hätten. Fachberatung ist sicherlich dort für Erzieherinnen von großem Vorteil, wo sie merken, daß Fachberaterinnen *ihre* Bündnispartnerinnen sind und aktiv mit ihnen die Praxisprobleme qualifiziert und langfristig lösen.

4. Fortbildungsträger erwarten, daß vermittelte Kenntnisse und neu erworbene Fertigkeiten möglichst schnell und unmittelbar den Kindern zugute kommen, manches Mal in Unkenntnis oder in utopistischer Ausblendung realer Rahmenbedingungen. Sie erwarten, daß Pädagogik an den neuesten, wissenschaftlich abgesicherten Erkenntnissen ausgerichtet wird und zu einer veränderten Praxis führt. Einerseits ist es sicherlich richtig, sich mit den veränderten Welten der Kinder auseinanderzusetzen und alle Möglichkeiten zu suchen, eine real-kindorientierte Entwicklungsbegleitung zu entwerfen und umzusetzen. Andererseits ist es aber auch notwendig, alle neuen Erkenntnisse sorgsam daraufhin zu überprüfen, inwieweit die vermittelten Fortbildungsinhalte tatsächlich in die Praxis mitaufgenommen werden sollen. Gefragt ist *keine* Pädago-

gik der spontanen Euphorie, sondern eine Pädagogik der Reflexion.

5. Kolleginnen erwarten einerseits Offenheit und Verständnis, andererseits Ruhe und Akzeptanz für ihre Arbeit. So unterschiedlich die Erwartungen sind, so schwer ist es für die einzelne Person, sich dem Erwartungsdiagramm einer Mitarbeiterinnengruppe entsprechend zu verhalten. Kommunikationsfreude, Partnerschaft im Umgang miteinander und Teamfähigkeit bei anstehenden Entscheidungen und zu lösenden Konflikten, Phantasie beim Finden neuer Ideen und Kreativität im Umsetzen neuer Ideen sind vielgenannte Schlagworte, die es zu realisieren gilt. Auf der anderen Seite erwarten Mitarbeiterinnen teilweise von ihren Kolleginnen, daß tiefe Konflikte *nicht* aufgegriffen und thematisiert werden, aus Angst, daß es „ihnen an den Kragen geht", bzw. daß klare Stellungnahmen abgegeben werden müssen. Diese bringen dann wiederum Unruhe und wirken sich destabilisierend – wenn auch konstruktiv – auf ein eingespieltes Team aus. Gerade die Erwartungen an Leiterinnen sind innerhalb einer Mitarbeiterinnengruppe teilweise äußerst unterschiedlich, und wenn diese Unterschiede nicht offen benannt werden, kann es für einzelne zu einem destruktiven Chaos führen.

6. Praktikantinnen erwarten von der Einrichtung u.a., daß sie eine feste Anleiterin erhalten. Sie erwarten eine qualifizierte Vermittlung fachkompetenter Inhalte, Unterstützung bei auftauchenden Problemen, Anleitung in besonderen Fragen und Hilfestellung bei zu findenden Antworten. Und all das neben der Grundsätzlichkeit, *daß* die Anleiterin jederzeit für sie da ist, wenn Hilfe gebraucht wird.

7. Vorklassen und Schulkindergärten erwarten, daß die Mitarbeiterinnen der Kindergärten dafür Sorge tragen, daß Kinder auf ihre Einrichtung vorbereitet werden, so daß ein Übergang zur nachfolgenden Einrichtung reibungslos gelingt. Dabei wird weniger die Frage gestellt, ob Nachfolgeeinrichtungen ihre Arbeit auf die des Kindergartens einstellen können; statt dessen herrscht eine Zukunftsorientierung vor, die eine Wertigkeit der unterschiedlichen Einrichtungen vornimmt. Ganz nach dem Motto, daß in den Vorklassen und Schulkindergärten ein „richtiges Lernen" stattfindet.

8. Ähnliche Erwartungen haben auch viele Grundschulen: Kinder sollen bis dahin gelernt haben, Formen und Farben zu unterscheiden, konzentriert bei einer Aufgabe zu sein und soziale Verhaltensregeln zu beherrschen, die es Lehrerinnen ermöglichen, ihren Unterricht in der von ihnen gewohnten Weise fortzusetzen. Dabei

wird von Grundschulen u.a. der „eigene Erziehungs-, Bildungs- und Betreuungsauftrag des Kindergartens" nicht wahrgenommen und daher auch nicht den elementarpädagogischen Institutionen zugestanden. Schulen haben in der Selbst- und Fremdeinschätzung immer noch einen höheren Stellenwert. Dies wird z.B. daran deutlich, daß Elternabende im Kindergarten *mit* dem Rektor oder mit Lehrerinnen der Grundschule besser besucht werden als Elternabende zu kindergartenspezifischen Themen. Schulen fordern auch nicht selten eine direkte Vorbereitung der Kinder auf ihre Institution, so daß Erzieherinnen einen Druck spüren, den Erwartungen nachzugeben, anstatt das eigene Kindergartenprofil auszubauen.

9. Andere (sozial-)pädagogische, psychosoziale oder therapeutische Einrichtungen (wie z.B. Beratungsstellen, Sprachheilambulatorien, Musikschulen, Jugendämter, motopädische Praxen) erwarten eine gute Zusammenarbeit in der Form, daß dort begonnene Therapien / Trainings / Unterrichtsinhalte / Absprachen / Vorhaben von den Mitarbeiterinnen unterstützt werden. Auch hier ergibt sich in der Praxis häufig das Dilemma, daß von „übergeordneten Einrichtungen" fast wie selbstverständlich erwartet wird, *daß* ihren Wünschen entsprochen werden kann.

10. Träger erwarten häufig von den Kindergärten, daß diese zur Zufriedenheit der Eltern tätig sind und gleichzeitig dafür sorgen, daß der Kindergartenbetrieb ohne (öffentliche) Reibungspunkte läuft. Sowenig wie es vorgesehen ist, daß Mitarbeiterinnen berechtigte Änderungen zu den Rahmenbedingungen fordern, sowenig wird bei vielen Trägern ein kompetentes, selbstbewußtes Auftreten der Erzieherinnen geschätzt. Aus Sicht des Trägers durchaus ein verständliches Vorgehen; allerdings kollidiert diese Einstellung heftig mit der Verpflichtung der Erzieherinnen, sich immer wieder für berechtigte Qualitätsstandards in der Einrichtung einzusetzen.

11. Andere Kindergärten haben oftmals die Erwartung, daß sie in ihrer Arbeitsweise geschätzt und akzeptiert werden, *ohne* sich mit den Nachbarkindergärten auseinandersetzen zu müssen. Statt Solidarität wird Individualität gefordert, mit der Folge, daß viele Kindergärten *ihre* Pädagogik realisieren in Abgrenzung zu anderen Kindergärten. Gleichzeitig gibt es aber auch das Gegenteil, daß nämlich andere Kindergärten viel stärker erwarten, daß solidarische Auseinandersetzungen geschehen, *um* aus einer Vereinzelung / Isolierung herauszufinden.

12. Kinder erwarten von ihren Erzieherinnen zu Recht Solidarität, wenn es darum geht, daß sie verstanden werden. Sie erwarten Schlichtung bzw. Hilfe beim Streit, Unterstützung bei der Lösung

von plötzlich auftauchenden Problemen, Hilfe beim Umsetzen schwerer Vorhaben, Geduld und Zeit miteinander, ein offenes Ohr für ihre Probleme, Verständnis für schiefgegangene Unternehmungen und Interesse an ihrer Person. Stunde für Stunde, Tag für Tag, Woche für Woche, Monat für Monat und Jahr für Jahr. Allerdings – und das scheint in diesem Zusammenhang von großer Bedeutung zu sein – darf und kann dies *nicht* heißen, *daß* Mitarbeiterinnen immer *für* Kinder dazusein haben und daß sie ihnen dadurch die Möglichkeit nehmen würden, auch alleine zu sein, bzw. mit ihren Freundinnen und Freunden *ohne* Aufsichtsperson zu handeln. So kann es vorkommen, daß Kinder auch mal erwarten, alleingelassen zu werden, um ganz ohne Erwachsene ihre Spiel- und Arbeitsvorhaben umzusetzen und ihren Tag zu gestalten.

13. Erzieherinnen selbst haben ebenfalls Erwartungen an sich: so vor allem im Umgang mit dem Träger (berechtigte Forderungen vertreten), den Eltern (Verständnis für ihre Pädagogik vermitteln), den Kindern (soziale Bündnispartnerin des „Proletariats auf kleinen Füßen" [J. Korczak] zu erleben) und sich selbst (Glaubwürdigkeit in gelebten Werten).

14. Schließlich haben Ausbildungsschulen die Erwartung, daß die dort gelehrte und vertretene Pädagogik Einzug in die erzieherische Praxis hat, obgleich Beispiele aus der täglichen Praxis häufig darauf hinweisen, daß Ausbildungsschulen

● Unterrichtsfächer wie z.B. Praxis- und Methodenlehre, Psychologie und Pädagogik isoliert voneinander mit ihren Schwerpunkten anbieten, anstatt einen sinnverbundenen Kontext zu suchen;

● Ausbildungsinhalte *nicht* aus der Realität der Pädagogik vor Ort ableiten, was dringend notwendig ist, wenn der Anspruch einer qualifizierten Vorbereitung auf den Beruf besteht;

● zwar ihr Ziel darin formulieren, Handlungskompetenz zu vermitteln, statt dessen aber *nicht* ein Erfahrungsfeld (!) für Teamarbeit, Mut, Offenheit, Neugierde und Risikobereitschaft bieten;

● immer noch eine primäre Aufgabe ihres Arbeitsauftrags darin sehen, theoretische Inhalte auf der kognitiven Ebene zu vermitteln, als daß die Fachschule als ein Selbsterfahrungsfeld zur Verfügung steht, auf dem zukünftige Erzieherinnen sich intensiv mit ihren eigenen Biographien, Werten und Haltungen auseinandersetzen können;

● supervidierende Fallarbeitsgruppen viel zu wenig in ihr Curriculum aufnehmen, bei denen der direkte Bezug von Praxis und Theorie für Erzieherinnen einen besonders hohen Lernzuwachs bringen würde,

● noch viel zu wenig berufsrelevante Ausbildungsschwerpunkte berücksichtigen, wie z.b. personzentrierte und konfliktorientierte Gesprächsführung, qualifizierte Formen der Zusammenarbeit mit Eltern, Konfliktpsychologie, Organisationsmanagement, Psychologie der Kinderzeichnungen oder Leitungsfunktion und Teamarbeit, theoretische und praktische Ansätze in der Elementarpädagogik oder interdisziplinäre Methodenkompetenz.

Dort, wo praxisorientierte Übungen in der Ausbildung fernab von den Kindern und in Ausblendung der bestehenden Rahmenbedingungen vorgenommen werden, entstehen bei Erzieherinnen Erwartungen, die mit der Praxis nicht deckungsgleich sein können.

Im Zusammenhang dieser vierzehn Merkmale trifft es sicherlich zu, wie Prof. Helga Fischer (Köln) auf einer Fortbildungstagung beim Pestalozzi-Fröbel-Verband einmal formuliert hat:

„Das berufliche Selbstverständnis von Erzieherinnen ist geprägt von einer überhöhten Bereitschaft, möglichst allen Verhaltenserwartungen, die an sie gerichtet werden, gerecht zu werden."

Helga Wichert schreibt in ihrem Aufsatz „*Ich bin ich – wie schwer es war, das als Erzieherin zu lernen*" etwas über diese erlebte Diskrepanz: „Warum bin ich eigentlich Erzieherin geworden? Es war mir klar, es hatte eigentlich nicht unbedingt etwas mit Kindern zu tun oder einem Wunsch, sie pädagogisch zu fördern, sondern es hatte nur etwas mit mir zu tun. Ich wollte nicht acht Stunden am Tag in einem Bürohaus eingesperrt sein, ich hatte Angst vor solchen isolierten Arbeitssituationen. Ich wollte mit etwas Lebendigem zu tun haben, um mich weiterhin lebendig zu fühlen. Außerdem waren meine damaligen Hobbys – Malen, Töpfern, Musik – kreative Tätigkeiten, die, wie ich wußte, Kinder auch gerne tun.

Ja, und dann erlebte ich in den nächsten drei Jahren eine sehr merkwürdige Ausbildung. Mir wurde viel Sachwissen, Theorien, Techniken und Handlungsanweisungen vermittelt, die zu hinterfragen nicht gestattet war. Ich erfuhr von Erziehungszielen wie Selbständigkeit, Spontaneität, Kritikfähigkeit, sozialem Verhalten, konnte aber in meiner Lernsituation diese Fähigkeiten nicht üben. Mir wurde theoretisch meine zukünftige Aufgabe als Erzieherin klar, Kindern autonomes und kompetentes Verhalten zu ermöglichen. Mir selbst wurden diese Verhaltensweisen innerhalb der Ausbildung immer wieder erschwert, ja untersagt. Selbsterfahrung, berufliche Identitätsentwicklung, Reflexionsfähigkeit, Durchsetzungsvermögen, Konfliktfähigkeit, Teamfähigkeit: all diese Qualifikationen, die im Grunde nötig sind, um im Kindergarten eine Arbeit sinnvoll zu gestalten, wurden mir im Rahmen meiner Ausbildung nicht vermittelt. Eher verunsichert, recht autoritätsfixiert, verließ ich die Ausbildungsstätte, in der Demokratie höchstens hin und wieder als höfliche Umgangsform praktiziert wurde." (in: TPS, 1/82, S. 37)

Ähnliche Erfahrungen – wenn auch auf einer anderen Ebene – beschreibt Erika Kazemi-Veisari in ihrem Artikel „ *Wie wird Erfolg im Kindergarten definiert?*", in dem es um das Problem der Planung im Kindergartenalltag geht: „In meiner Ausbildung als Erzieherin habe ich es noch so gelernt: Ich dachte mir ein schönes Thema aus (eins, von dem ich annahm, daß es Kindern und mir Spaß machen könnte), begründete die Auswahl mit gewichtigen Begriffen als entwicklungsförderlich für Kinder und fügte – fein säuberlich nach Grob- und Feinzielen gestaffelt – einen Katalog von Lernzielen für die Kinder an, die alle mit der Erarbeitung des Themas erreicht werden sollten. Dann entwarf ich bis in jede Einzelheit hinein einen Plan über die methodischen Vorgehensweisen, d.h. in welcher Reihenfolge ich was tun wollte: wie Kinder motiviert werden sollten, das zu wollen, was ich wollte, was ich ihnen abverlangen und zutrauen würde, und schließlich: wie alles wieder aufgeräumt werden sollte. Dann begründete ich noch Auswahl und Menge des Materials und gab ein exaktes Zeitschema vor. Hatte ich mit einer solchen Planung alles bedacht und wohl begründet, konnte ich dann auch die Übung möglichst wie geplant durchziehen, so war mir meine gute Benotung sicher. Ich würde hier meine 25 Jahre zurückliegende Ausbildung nicht zitieren, würden heute nicht immer noch viele junge Erzieherinnen während ihrer Berufsausbildung mit diesem Verständnis von Planung konfrontiert." (In: kindergarten heute Heft 1/1990, S. 23–26)

Was zunächst auffällt, ist die Tatsache, daß Erzieherinnen in einer überaus großen Erwartungsvielfalt stecken, wobei die Erwartungen selbst
● teilweise unrealistisch überhöht,
● teilweise völlig unangemessen,
● in weiten Bereichen widersprüchlich und
● vergangenheitsorientiert
ausgerichtet sind und damit einer aktuellen Gegenwartspädagogik und einer notwendigen Selbstbestimmung der Erzieherinnen deutlich widersprechen. Die einen wollen zu Recht kritisch-denkende Fachfrauen in der Pädagogik, die anderen unkritisch-arbeitende Mitläuferinnen.

Die einen wollen politisch-wachsame Erzieherinnen, die anderen unpolitische Ja-Sagerinnen.

Erinnern wir uns in diesem Zusammenhang an die Aussage von Prof. Dr. Rita Süßmuth, die in dem Artikel *„Kinderleben, Kinderzeiten, Kinderwelten"* deutliche Worte aussprach:

„Es finden äußere und innere Umstrukturierungen bei zunehmender Pluralisierung und Individualisierung statt. Es besteht die Gefahr, daß in diesem Prozeß die Bedürfnisse und Interessen von Kindern nicht mehr gesehen werden. Eine Gesellschaft, die ihre Kinder nicht versteht und schätzt, wird sie in Zukunft verlieren. Denn in einer kinderfeindlichen Umwelt werden Erwachsene Lebensentwürfe ohne Kinder vorziehen. Ziel einer verantwortungsvollen Politik muß daher sein, die Bedeutung von Kindern für gegenwärtiges und zukünftiges Leben bewußt zu machen und **Fürsprecher für Kinder zu gewinnen** (hervorg. d.d.V.).../.../ Gefragt ist eine Politik für das Kind und seine Bedürfnisse. /.../ Im Rahmen einer solchen Politik für Kinder können **Erzieherinnen einen wichtigen Beitrag leisten. Sie sind es, die neben den Eltern die Kinder und ihre Lebenssituationen am besten kennen und von daher Bedingungen anmahnen müssen, die Kinder für eine gedeihliche Entwicklung brauchen. Es bedarf ihrer kritischen Wachsamkeit, ihrer Einschätzung und Beurteilung von Entwicklungen und der Fähigkeit, den fruchtbaren Moment für eigenes Handeln im Umgang mit Kindern im pädagogischen Innenbereich – also im Kindergarten – wie im Außenbereich – also im Umgang mit Vertretern des sozialen Umfeldes wie Eltern, Trägern und Politikern – zu erkennen** (hervorg. d.d.V.). (In: Kinderzeit, Heft 1988/1989, S. 9)

Die einen wollen weltanschaulich gebundene, die andere weltanschaulich ungebundene Erzieherinnen.

Die einen wollen wachsame Erzieherinnen, die anderen duldende Zustimmerinnen.

Die einen wollen geschlechtslose Fachfrauen, die anderen ganzheitliche Persönlichkeiten.

Die einen wollen Erzieherinnen mit deutlich-klaren Standpunkten, die anderen wollen standpunktoffene Mitarbeiterinnen als Realisierungsgehilfinnen ihrer Erwartungen.

Die einen wollen ehrliche, persönliche Meinungen von Erzieherinnen hören, die anderen erwarten unpersönliche, erwartungsausgerichtete Stellungnahmen zur Bestätigung eigener Vorstellungen.

Was bedeutet das?

Weil Erwartungen unterschiedlich *sind* und sein werden, einen widersprüchlichen Charakter aufgrund unterschiedlicher Ausgangspositionen in sich tragen und zum Widerspruch anregen, geht es zunächst um *die* **Auseinandersetzung mit Erwartungen**, anstatt diese

- vorschnell in Deckungsgleichheit zu bringen,
- unreflektiert zu übernehmen,
- undiskutiert im Raum stehen zu lassen,
- aus einer Tradition heraus zu akzeptieren,
- in reinen Machtkämpfen gegenüberzustellen,
- ängstlich und inaktiv abzuwarten,
- trotz ihrer Existenz nicht wahrzunehmen,
- lediglich auf der personalen Ebene abzuwehren.

Erwartungen in der Pädagogik sind real, weil unterschiedliche Ansprüche wie in einem Schnittpunkt zusammentreffen müssen. Von daher bietet es sich an, zunächst in der Mitarbeiterinnengruppe und dann mit Eltern die Erwartungen offenzulegen, miteinander abzuwägen und Entscheidungen zu treffen, welche Erwartungen erfüllt und welche nicht erfüllt werden können oder sollen (Arbeitsblatt 1–3, Seite 48–50).

Erwartungen sind in ihrer vielfältigen Existenz ein Abbild von Hoffnungen und Wünschen, die mehr oder weniger berechtigt, mehr oder weniger reflektiert und mehr oder weniger eine Arbeit mit Kindern erleichtern oder erschweren. Solange allerdings eine Erwartungsbündelung *nicht* auf den Tisch kommt, solange wird es einerseits in Einrichtungen immer wieder zu Schwierigkeiten kommen, andererseits wird eine Zunahme an Unzufriedenheit auf allen beteiligten Ebenen festzustellen sein.

Ein Anfang wird sicherlich darin zu finden sein, wenn Mitarbeiterinnen für sich die vielfältigen Erwartungen abklären und sich dabei entscheiden, für welche Erwartungen sie in ihrer praktischen Arbeit offen sind, andererseits aber auch bereit sind, unangemessene Erwartungen fachkompetent abzuwehren.

Gerade im Hinblick auf eine aktive Zusammenarbeit mit Eltern erscheint es dringend notwendig, schon von Beginn an das Thema Erwartungen mit ihnen zu besprechen. Das kann beim Anmeldegespräch, Aufnahmegespräch oder bei dem ersten Elternabend nach der Aufnahme neuer Kinder geschehen.

Hilfreich ist es, sowohl bei einem Eltern-Erzieherinnendialog als auch bei einem Elternabend **vorbereitet und strukturiert** das **Erwartungsthema** zu diskutieren, *ohne* daß Eltern / Träger / Vorstände den Eindruck gewinnen müssen, daß ihre Erwartungen „abgebügelt" werden. Dialoge bzw. Diskussionen leben daraus, zunächst immer

Arbeitsblatt 1 zur Verdeutlichung von Erwartungen

Welche Erwartungen werden an uns Mitarbeiterinnen gestellt?

a) von den Eltern

b) von der Öffentlichkeit

c) von den Fachberaterinnen

d) von Fortbildungsträgern

e) aus dem Kollegium

f) von den Praktikantinnen

g) von den Vorklassen bzw. aus den Schulkindergärten

h) von den Grundschulen

i) von anderen Einrichtungen

j) vom Träger

k) von anderen Kindergärten

l) von Kindern

m) von der Ausbildungsschule

n) ...

o) ...

Arbeitsblatt 2 zur Reflexion eigener Erwartungen an die pädagogische Arbeit im Kindergarten

1. Welche Erwartungen, die ich erfüllen möchte, habe *ich* an mich / meine Arbeit mit Kindern im Sinne einer fachkompetenten Entwicklungsbegleitung?

2. Bei welchen Erwartungen an mich / meine Arbeit mit Kindern im Sinne einer fachkompetenten Entwicklungsbegleitung bin ich mir unsicher, ob ich diese erfüllen kann / möchte?

3. Welche Erwartungen habe ich an mich / meine Arbeit mit Kindern im Sinne einer fachkompetenten Entwicklungsbegleitung, und welche Außenerwartungen kann/will ich nicht erfüllen?

Arbeitsblatt 3 zur Reflexion und Entscheidung darüber, welche Erwartungen erfüllt werden / nicht erfüllt werden:

Folgende Erwartungen werden im Kindergarten

	erfüllt	nicht erfüllt
a) von den Eltern:		
b) von der Öffentlichkeit:		
c) von den Fachberaterinnen:		
d) von Fortbildungsträgern:		
e) aus dem Kollegium:		
f) von den Praktikantinnen:		
g) von den Vorklassen/Schulkindergärten:		
h) von den Grundschulen:		
i) von anderen Einrichtungen:		
j) vom Träger:		
k) von anderen Kindergärten:		
l) von Kindern:		
m) von der Ausbildungsstätte:		
n) ...		
o) ...		

die anderen Positionen zu erfahren, um zu verstehen, welche (!) Erwartungen und warum (!) diese existieren.

Eltern, die z.B. „Vorschularbeit" verlangen, möchten aus Sorge um eine gute Zukunft ihrer Kinder häufig alles tun, *damit* ihre Kinder einen guten Schulanfang haben. Dieser Anspruch von Eltern ist zunächst anerkennenswert und völlig berechtigt. Nur zeigt sich hier die Fachkompetenz der Erzieherinnen, einerseits diese spezifische Erwartung zu verstehen, andererseits deutlich zu machen, daß z.B. eine gute Vorbereitung auf die Schule eben *nicht* in einem – wie immer auch gearteten – Vorschultraining zu finden ist. Stattdessen geht es darum, den Zusammenhang von Spielen und Lernen transparent werden zu lassen.

Als Beispiel könnte bei einem Elternabend mit folgendem Bogen gearbeitet werden, der in einer Größe von 2 x 2 m vorbereitet an einer Wand aufgehängt und dann gemeinsam mit Eltern erarbeitet und ausgefüllt wird (Seite 52).

b) Erziehungs-, Bildungs- und Betreuungsauftrag

Bei aller Auseinandersetzung um Erwartungen ist es günstig, wenn Erzieherinnen als Grundlage ihrer Diskussionen den **eigenständigen**
- **Erziehungsauftrag,**
- **Bildungsauftrag** und
- **Betreuungsauftrag**

zum Ausgangspunkt wählen, der im Kindertagesstättengesetz ihres jeweiligen Bundeslandes gültig ist. Die anstehenden Fragen können inhaltsorientiert gemeinsam geklärt werden.

Wer „Kindheiten heute" zum Eckstein einer aktuellen Kindergartenpädagogik macht, trifft auf Fakten, die praktische Konsequenzen für die Arbeit verlangen. Zum Beispiel:

- Dort, wo Kinder trotz unversehrter Sprachorgane Sprech- und Sprachauffälligkeiten zeigen, sind Kinder seelisch irritiert. Sie brauchen Entwicklungbegleiterinnen, die ihnen helfen, Irritationen zu beenden.

- Dort, wo Kinder trotz körperlicher Gesundheit psychosomatische Beschwerden wie Erbrechen, Magenschmerzen oder Migräne zeigen, liegt häufig für Kinder eine Drucksituation vor. Sie brauchen Entwicklungsbegleiterinnen, die ihnen dabei helfen, auslösende Drucksituationen zu beenden.

- Dort, wo Kinder trotz einer Krankheit zum Kindergarten geschickt oder gebracht werden, brauchen sie Bündnispartnerinnen,

---

**Wandarbeitsbogen zur Verdeutlichung und Abklärung
von Erwartungen**

---

1. Welche Erwartungen
haben **Eltern** an die
Kindergartenarbeit/
an die Erzieherinnen?

Welche Erwartungen
haben Erzieherinnen
an die Kindergartenarbeit/
an sich selbst?

---

2. Welche Erwartungen
haben **Eltern** *nicht* an die
Kindergartenarbeit/
an die Erzieherinnen?

Welche Erwartungen
haben Erzieherinnen
nicht an ihre Arbeit/
an Kinder?

---

3. Welche Erwartungen entsprechen sich und sind deckungsgleich?

---

4. Welche Erwartungen stehen sich gegenüber? Wie kann eine Lösung aussehen?

---

die ihnen dabei helfen, ihre Krankheit – als ein Weg zur Gesundung – in Ruhe auszukurieren.

● Dort, wo Kinder trotz intakter Harnwege und bei Ausschluß von Harnwegsentzündungen einnässen, liegt für Kinder fast immer eine Lebenssituation vor, die für sie mit Trauer verbunden ist. Nicht umsonst wird für das Einnässen die Metapher „... wenn die Blase weint" verwendet. Sie brauchen daher keine medikamentöse Behandlung, kein Enurex-Gerät oder keine Trockentrainings, wenn das Einnässen offensichtlich seelisch bedingt ist, sondern Entwicklungsbegleiterinnen, die sie dabei unterstützen, ihre Trauer zu spüren und zu verarbeiten.

● Dort, wo Kinder trotz eines intakten Schließmuskels tagsüber und/oder nachts einkoten, erleben sie in ihrer Biographie bestimmte Ereignisse als bedrohlich. Sie brauchen daher keine wohlgemeinten Hinweise zur rechtzeitigen Kontrolle, sondern vielmehr Menschen, die mit ihnen auf die Suche gehen, Bedrohungen im Leben der Kinder zu identifizieren und diese ggf. mit ihnen zu verändern.

● Dort, wo Kinder trotz eines Ausschlusses allergischer Reaktionen durch organischen Ursprung Hautaffektionen (Jucken, Kribbeln) zeigen, signalisieren sie uns, daß sie sich in ihrer Haut nicht wohlfühlen (können). Sie brauchen Entwicklungsbegleiterinnen, die es verstehen, Auslösern auf die Spur zu kommen, und dafür Sorge tragen, daß sich Kinder in ihrer eigenen Haut wieder zu Hause und geborgen fühlen.

● Dort, wo Kinder trotz objektiv vorhandener Nicht-Gefahren massive Ängste vor Geistern, Hexen, Gespenstern, Dunkelheit oder Krankheiten, Tieren oder Feuer haben, versuchen sie, ihre subjektiven Ängste an Bildern festzumachen. Kinder brauchen dann keine Erwachsenen, die ihnen ihre Ängste ausreden wollen, sondern Entwicklungsbegleiterinnen, die auf der einen Seite mit ihnen Möglichkeiten suchen, die Ängste auf der magischen Ebene zu bannen, auf der anderen Seite ihnen dabei behilflich sind, Gründe und Auslöser zu verändern.

Weiterhin brauchen Kinder Entwicklungsbegleiterinnen im Kindergarten, die

● nicht die Weiterentwicklung einer kommerziellen Kinderkultur durch ihre Arbeit unterstützen;

● nicht an einer weiteren Verpädagogisierung des Spielzeugs als einem Lerngerät mitarbeiten;

● nicht die Welle der Therapeutisierung von Kindheiten dadurch

mittragen, daß Kinder zu immer mehr Spezialisten geschickt werden;
● nicht dadurch zur weiteren Einschränkung der Bewegungsräume beitragen, indem Kinder eher ruhig ihre Konflikte miteinander ausleben „dürfen", ohne ihre vorhandene Wut rauszulassen;
● nicht die Zeiten im Kindergarten aufgliedern und reglementieren, sondern Kindern die Möglichkeit geben, auch zeitverbunden ihren vielfältigen Aktivitäten nachzugehen;
● nicht als Besserwissende oder Anordnende zu Kindern zu reden, sondern mit ihnen gemeinsam versuchen, Tagesabläufe zu besprechen, Regeln abzustimmen (statt vorzugeben) und Vorhaben zu planen (statt Einzeltätigkeiten anzubieten);
● nicht aus dem Kindergarten eine heile Welt oder friedfertige Insel machen möchten, und damit das LEBEN VOR ORT nach draußen bannen, sondern Lernprozesse nach innen und außen gleichermaßen holen oder aufsuchen, um eine kindorientierte, reale Pädagogik mit Kindern zu gestalten.

Insoweit besteht heute in vielen Bundesländern und bei vielen Trägern kein Zweifel mehr daran, daß der Kindergarten seinen Erziehungsauftrag in folgender Zielsetzung sieht:

> Der Erziehungsauftrag besteht darin, Kindern vielfältige Möglichkeiten zu bieten, Vergangenes, Erlebtes nachzuarbeiten, sich und anderen, in ihrem Leben besser zu verstehen, um die eigene Identität auf- und auszubauen und Lebenssituationen kompetent mitzugestalten.

(Auf eine Ausführung des Satzes soll an dieser Stelle verzichtet werden, da dies in dem Buch „*Der Situationsorientierte Ansatz im Kindergarten*" vorgenommen wurde.)

Eines wird durch diese Beschreibung des Erziehungsauftrags deutlich: Für viele Mitarbeiterinnen und Eltern steht immer noch eine wie auch immer geartete Vorbereitung auf die Zukunft im Vordergrund. Und darin liegt oftmals das Dilemma in der Abwägung von Erwartungen: natürlich geht es darum, daß Kinder in der *Zukunft* handlungskompetente Verhaltensweisen besitzen, die es ihnen ermöglichen, ihr Leben nach eigenen Vorstellungen und in Abwägung mit ganz elementaren Vorstellungen anderer Menschen zu gestalten. *Nur:* der Weg ist häufig ein völlig unterschiedlicher, je nachdem, ob Zukunft als ein Ziel *oder* als Folge aus einer kompetenten Vergangenheitsbewältigung abgeleitet wird. Wenn Kinder – wie viele Erwachsene auch – ihr Leben in einer fast völlig medienbesetzten Welt verbringen, in der Eile und Hektik, Reizüberflutung und fehlende Ruhe zum Alltagsgeschehen gehören, heißt dies immer, daß Kinder vieles um sich herum zwar aufnehmen und registrieren, weniger allerdings verstehen und verarbeiten. Und genau auf das letztere kommt es an. **Neue Impulse, neue Erfahrungen** können sich nur dann entwickeln und aufbauen, wenn **alte Erfahrungen und Provokationen, Erlebnisse und Ereignisse** verstanden wurden. J. J. Rousseau schreibt folgenden Satz dazu:

„Was soll man von jener barbarischen Erziehung halten, die die Gegenwart einer ungewissen Zukunft opfert, die also das Kind mit allerlei Fesseln belastet und von vornherein unglücklich macht, um es auf irgendein, in weiter Ferne liegendes Glück vorzubereiten, das es vielleicht nie erreicht."

Es geht nicht um eine Anhäufung von Wissen und Erfahrungen, solange Bestehendes (Traurigkeiten, Unverstandenes, offene Fragen, Suche nach Erklärungen …) nicht beantwortet oder verarbeitet werden konnte. Bleibt dies in der Pädagogik unberücksichtigt, so wird immer mehr Geröll auf einen Berg gefahren und abgeladen, der bei einem heftigen Regenfall ins Rutschen kommt. Beispiele aus der Natur sind weitestgehend bekannt. Dort – um weiter in einem Bild zu bleiben –, wo Kinder durch immer neue Angebote aufgefordert sind, das, was sie gerade in ihren Händen halten, in ihren Rucksack abzulegen, um die Hände für etwas Neues freizubekommen, laden sie sich immer mehr auf, so daß ihr Rucksack immer schwerer wird. Denken wir in diesen Zusammenhängen an die Untersuchungsergebnisse von Prof. Dr. Hurrelmann (Universität Bielefeld), der in einer seiner Untersuchungen festgestellt hat, daß Kinder u.a. immer häufiger unter psychosomatisch bedingten Rückenschmerzen leiden. Die Seele kann für lange Zeit gestaucht werden, wird sich dann aber schließlich durch ein körperliches Symptom zurückmelden.

Graphisch ergibt sich damit folgendes Bild:

Abb. A) Pädagogik der 50er und 60er Jahre:

(1) = Kind ist ein „defizitäres" Wesen mit Schwächen und Störungen
(2) = Erziehung ist dann geglückt, wenn es „richtiges Verhalten" für die Zukunft zeigt.

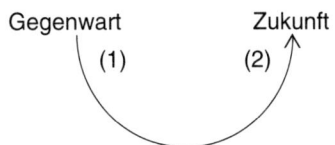

Abb. B) Pädagogik der 90er Jahre

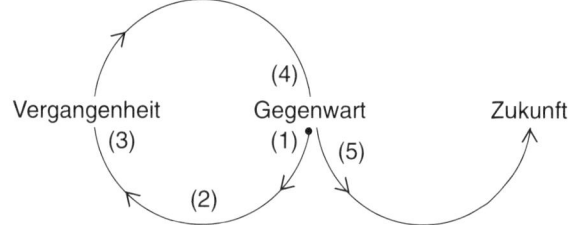

(1) = Ausgangspunkt: Gegenwart in ihrer Realität
(2) = Versuch des Verstehens, was Kinder für Ausdrucksmittel wählen
(3) = Erkennen von heutigem Verhalten und vergangenen Erlebnissen
(4) = Aufarbeitungshilfen aus der Vergangenheit in der Gegenwart
(5) = Freiheit von Belastungen als Voraussetzung für eine automatische
Zukunftsorientierung

Der Begriff Bildungsauftrag läßt vielleicht auf den ersten Blick vermuten, daß es z.b. um das frühe Lesenlernen, das erste Schreiben oder Rechnen geht, daß er das Erkennen von Formen und Farben beinhaltet oder daß es sich hier um frühfördernde Übungsprogramme handelt. All dies kann unter Berücksichtigung heutiger Kindheiten und unter Beachtung einer kindorientierten Pädagogik selbstverständlich *nicht* gemeint sein.

Vielmehr besteht der Bildungsauftrag des Kindergartens darin, Kinder in ihrer Handlungs-, Bildungs-, Leistungs- und Lernfähigkeit ganzheitlich zu unterstützen. Dies geschieht unter besonderer Berücksichtigung kultureller Werte und religiöser Erfahrungen bei gleichzeitiger Ablehnung eines schulvorgezogenen Lernens und bei oberster Wertschätzung des Spiels sowie projektorientierten Arbeitens.

Kinder *lernen* aus ihrem Handeln, Tun, Begreifen, was zur Konsequenz führt, daß fachkompetente Erzieherinnen großen Wert auf ein Erfahrungslernen, nicht auf ein Denklernen legen. Anders ausgedrückt: es geht um ein „learning by doing", *nicht* um ein „learning by speaking or thinking".

„Bildungsfähigkeit" umfaßt die Möglichkeit, aus dem Handeln heraus Erkenntnisse und Schlußfolgerungen zu ziehen, um Geleistetes selber zu begreifen. Nicht der Gebrauch von irgendwelchen Schablonen, durch die ein „richtiges Darstellen von Gegenständen" ermöglicht wird, ist Bildung, sondern z.B. der Bau eines großen Dinosauriers aus Maschendraht, Kleister und Zeitungsblättern, bei dem ganz nebenher auch die Standfestigkeit erprobt und ausgerechnet werden muß.

„Leistungsfähigkeit" beinhaltet die vielfältigen Aktivitätsversuche, auszuprobieren und bei einer Aufgabenstellung bleiben zu können, ohne gleich beim ersten Mißerfolg alles stehen- und liegenzulassen.

Und schließlich wird die „Lernfähigkeit" angesprochen, durch die Kinder ihre Interessen, ihre Neugierde und innere Motivation ausprobieren können, um ein bestimmtes Ziel zu erreichen.

Kulturelle Werte wie

- **Sprachkultur,**
- **Kommunikationskultur,**
- **Eßkultur,**
- **Werkkultur,**
- **Spielkultur**

finden dort ihren Niederschlag, wo z.B. *mit* Kindern gesprochen wird und nicht über sie oder an ihnen vorbei, wo Kinder aktiv an Vorhaben beteiligt sind und sie demokratisch mitbestimmen können, wo beim freien Frühstück mit Kindern z.B. ein Büffet aufgebaut wurde, das Kinder dazu einlädt, mit Zeit und Ruhe entsprechend ihrem eigenen Eßrhythmus, an einem Platz zu verweilen, der mit Tischdecken, Blumen und vor allem mit Steingut-, Porzellangeschirr versehen ist, wo Kinder sich selber ihre Speise herrichten und nicht versorgt werden (das bedeutet bewußten Verzicht auf Plastik und eine überbehütende Versorgung!). Gleichzeitig wird bewußt auf eine Anhäufung von Bastelaktivitäten verzichtet zugunsten einer Werkkultur, bei der mit Hilfe von Werkzeugen die Gegenstände gebaut werden, die eben für ein Projekt benötigt werden:

- Schatzkisten aus Holz statt aus irgendwelchen Schuhkartons,
- Buden und Häuser aus Brettern und Bohlen statt aus Fernsehkartons, die beim ersten Regen in sich zusammenfallen,
- Musikinstrumente aus Röhren, Hölzern und Stahlteilen statt aus Plastikbechern oder Altpapier,
- Gespensterfallen mit ausgeklügelten Mechanismen statt einer einfach gezogenen Leine,
- Monster und Dinosaurier aus Draht und gehärtetem Abdeckmaterial anstatt kleiner Ausschnittfaltarbeiten,
- Burgen und Schlösser aus vielen leeren Bierkästen statt bunter, von der Decke hängender leichter Tücher,

- Baumhöhlen aus Ästen, Brettern und dicken Seilen statt ängstlicher Verbote, auf Bäume zu klettern,
- ...

Und schließlich ist mit dem Begriff Bildungsauftrag auch eine ‚Spielkultur' gemeint, die alle Formen des Spielens umfaßt und sinnverbunden in Projekten mit Kindern gemeinsam erlebt werden kann: vom Freispiel zum Rollenspiel, vom Theater- zum szenischen Spiel, vom Marionettenbau bis zum Handpuppenspiel, vom Singspiel bis zum darstellenden – oder Planspiel, vom Bewegungs- bis zum Ruhespiel, vom Maskenbau bis zum Musikspiel. Sicherlich erfährt der Bildungsauftrag auch dadurch seine Bedeutung, daß religiöse Werte weniger vermittelt als vielmehr *erlebt* werden. Da immer noch sehr große Unterschiede im Verstehen einer religionspädagogischen Aufgabe des Kindergartens bestehen, seien an dieser Stelle einmal zwei Zitate verwandt, die durch ihre Klarheit dazu beitragen können, christliche Erziehung oder Religionspädagogik auf den Punkt zu bringen:

> „Eine christliche Erziehung, die *nicht* Zusatzprogramm, sondern ein pädagogisches Bemühen darstellt, durch das das Evangelium *integriert* und übersetzt werden (soll) in die Fragen und Konflikte der Kinder sowie in die Lebensformen ihrer Gruppe. ... Der Kindergarten ist eine diakonische und pädagogische Einrichtung der evangelischen Gemeinde und als solcher *integrierter* Bestandteil der kirchlichen Arbeit."
> (Evangelische Kirche im Rheinland. In: Prof. Dr. J. Hofmeier: Religiöse Erziehung im Elementarbereich. München 1987, S. 56).

Hier kommt klar zum Ausdruck:

Religionspädagogik ist insofern reaktiv, als daß sie sich nach dem richtet, was Kinder an Fragen oder Konflikten besitzen. Religionspädagogik ist damit *kein* aufgestülptes Zusatzprogramm, mit dem Kinder sich auseinanderzusetzen haben, sondern vielmehr ein Einflechten in reale Lebenszusammenhänge.

Und auch in einer Veröffentlichung des bekannten Comenius-Instituts finden wir etwas Vergleichbares:

> „Religiöse Erziehung in vorschulischen Einrichtungen kann nach evangelischem Verständnis *nicht* Einübung in kultisch-rituelle Frömmigkeits- und Konfessionstypen bedeuten. Der Er-

zieher prüft ständig, ob er nicht religiöse (christliche, konfessionsspezifische) Glaubens- und Verhaltensmuster unkritisch überträgt. Religiöse Erziehung in vorschulischen Einrichtungen ist *nicht* Indoktrination christlicher Dogmen. Sie ist auch nicht Einübung in magische Vorstellungsmuster. Von Gott wird so zu reden sein, daß der Bezug von Mensch, Welt und Gott jederzeit sichtbar wird. /.../ Religiöse Erziehung knüpft an bei den Erfahrungen des Kindes und zeigt auf, daß diese Erfahrungen auch für religiöse Deutungen offen sind."
 (Stellungnahme des Ausschusses für Vorschulerziehung der Gemeinschaft evangelischer Erzieher (GEE). In: Comenius-Institut: Bildungspolitische Dokumentation zum Elementarbereich. Zum Stand der Arbeit in Evangel. Landeskirchen. Münster 1974, S. 113).

Letztlich hat der Kindergarten auch einen eigenen Betreuungsauftrag. Wenn wir einmal diesen Begriff genauer betrachten, so steckt darin das Wort treu und gibt damit einen möglichen Definitionsansatz vor:

„Der Betreuungsauftrag des Kindergartens besteht darin, Kindern eine verläßliche Partnerschaft anzubieten, in der Kindern mit Wertschätzung und Achtung begegnet wird auf der Grundlage eines Vertrauens, einer Liebe zum Kind und einer Respektierung seiner Persönlichkeit."

Würde der Betreuungsauftrag lediglich unter dem Gesichtspunkt einer Aufsichtspflicht, eines ständigen Bewahrens vor Schaden oder einer „bespielenden Animation" betrachtet werden, so stünde dies im krassen Widerspruch zu den in vielen Kindertagesstättengesetzen oder Richtlinien formulierten Zielen, „Kinder in ihrer Selbständigkeit und Kompetenz zu unterstützen." (Z.B. Kindertagesstättengesetz Schleswig-Holstein § 4.)
 Die Aufgabe des Kindergartens läßt sich wie folgt darin zusammenfassen, daß er
● auf das Leben vorbereitet, *indem* er das reale Leben gemeinsam mit Kindern erfährt,
● nicht direkt auf die Schule vorbereitet, sondern durch Projektarbeit Fähigkeiten unterstützt, die auch für die Schule notwendig sind (Aufmerksamkeit, Konzentration und Belastbarkeit als Folgen einer ausgedehnten Spielzeit im Kindergarten und zu Hause),

- Kindern dabei hilft, sich selber und die Welt um sie herum zu begreifen und zu verstehen,
- eine Angebotspädagogik im Sinne des funktionierenden Ansatzes bewußt ablehnt und Kinderinteressen sowie kinderbiographische Ereignisse zum Ausgangspunkt der Arbeit wählt,
- teilisolierte Übungen im Sinne einer defizitausgerichteten „Programmierung" bewußt vernachlässigt und statt dessen eine ganzheitliche Entwicklungsbegleitung vorzieht,
- statt einer Schwerpunktbildung in den Themen, die eher den Bedürfnissen von Erwachsenen entsprechen – siehe vor allem die verpädagogisierten Arbeitsschwerpunkte Friedenserziehung, gesunde Ernährung, ökologische Verantwortung etc. –, Projekte mit Kindern plant, in denen durchaus *auch* in realen Zusammenhängen Bezug genommen wird auf den Spielgebrauch von Waffen, auf eine ausgewogene Ernährung oder auf die Beachtung bestimmter Naturbedürfnisse,
- Vergangenes in eine Gegenwartsorientierung der Pädagogik berücksichtigt und eine Zukunftsorientierung fachkompetent im Sinne einer notwendigen Folge versteht,
- Kinder probieren und handeln läßt, indem sie neugierig und interessiert an ihrem Leben bauen können,
- Kindheit als einen *eigenen* Entwicklungszeitraum akzeptiert und damit KINDERKULTUR in der Praxis berücksichtigt,
- sich und Kinder von ungerechtfertigten Erwartungen abgrenzt, damit die Kindergartenzeit als eine von Kindern gute Zeit erlebt wird und werden kann,
- den Begriff Kultur wieder in den Mittelpunkt der Arbeit bringt, *ohne* den Kulturbegriff nach eigenen, subjektiven Vorstellungen zu verzerren,
- dort, wo Religionspädagogik zum lebendigen Teil der praktischen Arbeit gehört, eine integrative christliche Entwicklungsbegleitung realisiert, die sich in ein projektorientiertes Vorgehen einbringt; ganz nach dem Motto:

> „Die Ordnung der Dinge
> muß der Ordnung der Person
> dienstbar gemacht werden
> und nicht umgekehrt."
>
> (II. Vatikanisches Konzil.
> Konstitutien: Kirche in der Welt von heute)

Wenn Mitarbeiterinnen im Kindergarten sich den Erziehungs-, Bildungs- und Betreuungsauftrag vornehmen und während einer Teamsitzung besprechen, bietet es sich an, einen Anspruchs- und Realitätenvergleich vorzunehmen, um für die **eigene Einrichtung** in Erfahrung zu bringen, inwieweit es zu Deckungsgleichheiten oder Ungleichheiten kommt. Diese Klärung ist sicherlich auch dort von besonderem Wert, wo

- Konzeptionen neu erstellt,
- Konzeptionen nach längerer Zeit überarbeitet,
- Mitarbeiterinnenkonflikte auf den Punkt gebracht,
- Unterschiede in der Einschätzung von Inhalten verdeutlicht,
- Einrichtungsprofile neu definiert oder
- Erwartungsdifferenzen inhaltlich geklärt werden sollen.

Ein Vergleich der Ansprüche und Realitäten schafft an den Punkten Klarheit, wo vor allem in der Pädagogik auf der einen Seite wohlklingende Ziele formuliert worden sind, auf der anderen Seite benannte Ziele aber **gerade durch pädagogische Begriffe** manchesmal sinnentleert sind. Was bedeutet z.b. *genau* eine Entwicklungsunterstützung von Kindern in ihrer Selbständigkeit, in ihrer Kreativität oder in ihrer Phantasie? Wo gibt es Handlungsmöglichkeiten, die ausgebaut werden können, und wo gibt es vor allem persönliche Grenzen, die es einem nicht oder nur sehr schwer erlauben, Selbständigkeit, Phantasie oder Kreativität von Kindern zuzulassen? Folgende beiden Arbeitsblätter(Seite 62 und 63) können dabei helfen, Klärungen zu finden.

c) Auseinandersetzung mit sich selbst

Aline Weiss schreibt in ihrem Artikel „*Ketzerische Gedanken zum weiblichsten aller Berufe*" folgendes:
„Der Beruf der Erzieherin hat viele Gemeinsamkeiten mit dem der Hausfrau: sie kümmert sich um die Kinder; sie regelt den materiellen Tagesablauf anderer: Ernährung, Ordnung; sie gestaltet die Atmosphäre: Dekoration der Räume, jahreszeitliche Traditionen, Fest; sie arbeitet in von der Außenwelt abgeschlossenen Räumen. So empfinden wir unsere Arbeit oft gar nicht als Beruf: wir tun ja nur, was Frauen schon immer getan haben. Die Abgeschiedenheit von der Außenwelt kommt unseren Ängsten, uns draußen behaupten zu müssen, entgegen.
Und wir finden uns mit einem Gehalt ab, das weder den geistigen,

Arbeitsblatt zur Klärung pädagogischer Begriffe, die im Kindergarten von Bedeutung sind:

Begriffe:	Umsetzungsmöglichkeiten für Kinder
● Selbständigkeit	
● Neugierde	
● Mitbestimmung	
● Unabhängigkeit	
● Initiative	
● Phantasie	
● Kreativität	
● Platz für Gefühlsausdrucksmöglichkeiten	
● individuelle Entfaltung	
● Identitätsaufbau	
● Kindergarten als Erfahrungsfeld	
● Zeit und Selbstbestimmung	
● Gegenwartsorientierung	
● Akzeptanz	
● ...	

**Arbeitsblatt zur Klärung von Zielen in der Kindergartenarbeit –
ein Vergleich zwischen Ansprüchen und Realität**

Welche Ziele habe ich/ haben wir uns gesetzt?	Wie werden diese Ziele in der Realität des Kindergartens umgesetzt?
1.)	
2.)	
3.)	
4.)	
5.)	
6.)	
7.)	

seelischen und körperlichen Anforderungen dieser Tätigkeit, noch ihrer gesellschaftlichen Bedeutung entspricht.

Es drückt lediglich die Geringschätzung der traditionellen Aufgabe der Frauen aus. Eine Familie kann man davon jedenfalls nicht ernähren.

Aber nicht nur die äußeren Bedingungen, auch die Fähigkeiten, die der Beruf zu erfordern scheint, sind ‚typisch weiblich‘:
– die Fähigkeit, die Bedürfnisse anderer wahrzunehmen und für sie Sorge zu tragen: verstehen und helfen;
– die Bereitschaft, sich ständig ablenken zu lassen und eigene Bedürfnisse zurückzustellen: sich aufzuopfern;
– ‚Schneewittchen-Spiegel‘ zu sein: dem anderen ein positives Selbstbild zu reflektieren und auf Selbstdarstellung zu verzichten.

Aus so vagen und gefühlvollen Vorstellungen speisen sich denn auch die Motivationen für die Berufswahl. Die Arbeit der Erzieherin können wir uns am besten vorstellen, denn wir haben sie bei den eigenen Müttern, Vätern und Erziehern erlebt und beobachtet. Meistens hoffen wir, es besser als sie zu machen. Wir sind gerne mit Menschen, auch Kindern, zusammen und erwarten eine abwechslungsreiche Arbeit. Vor allen Dingen ist dies aber ein weiblicher Beruf, der uns auf die eigenen Kinder vorbereiten kann, und so denken viele, daß er nur eine Übergangszeit darstellen wird, bis Frau ‚ganz Frau‘ sein darf.“ (In: Theorie und Praxis der Sozialpädagogik, TPS, Heft 1/82, S. 17f.)

Die Entwicklung einer **beruflichen Identität** ist kein automatisierter Prozeß, der in dem Augenblick beginnt, wo Menschen sich entscheiden, den Beruf der Erzieherin/des Erziehers zu ergreifen, sondern ein aktiver Entwicklungsvorgang, der bewußt gesucht und aufgebaut werden will/muß. Identitätsentwicklung geschieht in der ständigen Auseinandersetzung mit persönlichen, berufsbild- und berufsfeldspezifischen Anforderungen sowie in der Beschäftigung mit fremden Erwartungen.

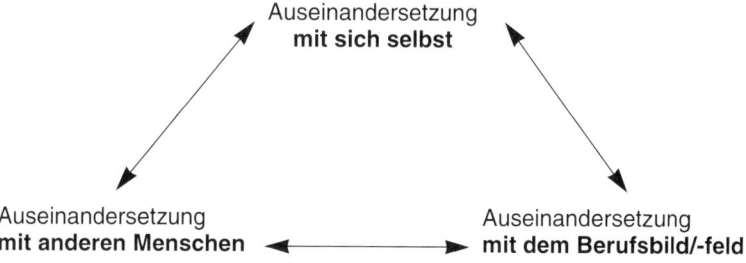

Die **Auseinandersetzung mit sich selbst** ist einerseits eine vielgenannte Forderung und vielzitierte Absichtserklärung, andererseits bleibt sie aber immer dann häufig auf der Strecke, wenn Selbsterfahrung schmerzhaft wird. Solange wir an der eigenen Persönlichkeitsoberfläche ein wenig herumkratzen, bleiben tieferliegende Persönlichkeitsschichten davon unberührt. Jede Person hat daher sowohl den Wunsch, sich ,positiv' zu verändern, andererseits besteht im Inneren gleichzeitig der Wunsch, auch so zu bleiben, wie frau/man ist. Selbsterfahrung ja – aber bitte in Grenzen. Selbsterkenntnis sicherlich – aber eine völlige Veränderung ist nicht gewünscht. Das heißt, wir tragen auf der einen Seite durchaus achtbare erkenntnisgeleitete Wünsche in uns, auf der anderen Seite weisen uns eigene Gefühle aber auch auf unsere Grenzen. Es ist nicht leicht, genau herauszufinden bzw. herauszufiltern, was an persönlichen Stärken und auch an persönlichen Schwächen innerpersonal vorhanden ist. Immer besteht das Risiko und die Gefahr, auf sorgsam aufgebaute Grenzen zu stoßen, die an alte, vergangene Schmerzen oder Traumata erinnern. Und dennoch verlangt die Auseinandersetzung mit sich selbst die Entscheidung, einen langwierigen und sicherlich nicht einfachen Klärungsprozeß darüber einzuleiten, welche langjährigen

● normativen Wertvorstellungen,
● (un)bewußten Erwartungen an sich und andere,
● tiefliegenden Widersprüche im eigenen Verhalten,
● bedeutsamen Lebensregeln,
● (un)bewußten Lebenspläne und
● biographischen Signalerlebnisse

das persönliche und berufliche Leben in entscheidenden Situationen geprägt haben und täglich neu (= gleichförmig) bestimmen.

Auseinandersetzung mit sich selbst heißt zunächst immer Auseinandersetzung mit den eigenen Gefühlen. Gehen wir einmal von den vier Grundgefühlen (Primäremotionen) aus, nämlich

● Angst,
● Trauer,
● Ärger/Wut und
● Freude,

dann entwickelt sich unsere Identität mit der Bestandsaufnahme, inwieweit wir tatsächlich unsere Gefühle *leben*. Bildlich dargestellt können die vier Grundgefühle in Form von Säulen wiedergegeben werden:

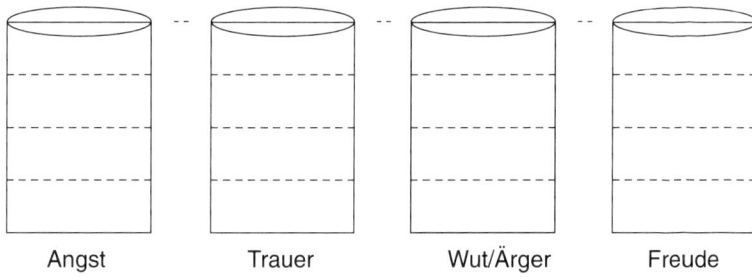

Angst   Trauer   Wut/Ärger   Freude

Häufig werden bei der Betrachtung von Gefühlen Unterscheidungen getroffen zwischen ‚guten' und ‚schlechten' Gefühlen, ‚konstruktiven' und ‚destruktiven' Emotionen. Diese Differenzierung ist ebenso falsch wie gefährlich, *weil alle* vier Primäremotionen zum Menschen gehören. Natürlich ist es auf der einen Seite angenehmer, Freude zu erleben als Angst zu spüren. Dennoch darf es uns nicht daran hindern, sich in der Auseinandersetzung mit sich selbst mit diesen vier Grundgefühlen selbstexplorativ zu beschäftigen.

Jeder Mensch hat im Laufe seiner individuellen Erfahrungen ein eigenes Maß entwickelt, wie stark er bestimmte Emotionen zulassen kann und möchte. Problematisch wird es selbstverständlich immer dann, wenn die Grenze erlebter bzw. erlebbarer Gefühle eher in einem oberen Bereich angesiedelt ist, und somit Gefühlstiefen verschlossen bleiben. Ergeben sich plötzlich einschneidende Eindrücke in unserem Leben, dann kann es geschehen, daß wir von den damit verbundenen eigenen Gefühlen überfahren werden, *weil* in der bisherigen Biographie Tiefe der Gefühle *nicht* erfahren wurde oder zugelassen werden konnte, obgleich Emotionen ja zum täglichen Leben gehören. Wenn es stimmt, daß unser ganzes Leben in Beziehungen (!) zu Menschen und Erlebnissen eingebettet ist, dann kann davon ausgegangen werden, daß *nichts*, was Menschen tun, beziehungslos und damit gefühlsfrei geschieht. Eine Erzieherin mag sich über das Gelingen eines schwierigen Elterngesprächs freuen, sich über eine bestimmte Unzuverlässigkeit einer Kollegin ärgern, über die plötzliche Erkrankung eines Kindes traurig sein oder bei der Beobachtung von gewalttätigen Kindern Angst empfinden. Beziehungen zur (Um-)Welt werden als Gefühle erlebt, und sie geben Auskunft darüber, in welchem (Un-)Gleichgewicht von **Persönlichkeit** und **Umwelt** der Mensch in diesem Augenblick in dieser Situation steht. Gefühle sind ein Spiegel dieser Waage und führen uns täglich vor Augen, ob ihr Anzeiger z.B. nur heute oder eher grundsätzlich ein Übergewicht in einem bestimmten Gefühlsfeld hat. Gefühle sind nie abstrakt – weil sie eingeflochten sind in Begebenheiten – und treten daher niemals isoliert auf. Sie lassen sich weder für die eigene Person noch für Kinder oder Erwachsene durch irgendwelche Trainings erlernen und auch niemals verordnen, bzw. verbieten, *weil* sie zur Persönlichkeit eines Individuums solange gehören, wie bestimmte Erlebnisse mit besonderen Gefühlswerten verknüpft sind. Die Fähigkeit, Gefühle zu haben, ist jedem Menschen angeboren; in welcher Weise sie sich entwickelt, auf welcher Qualität und Intensität die Gefühle erfahren werden, ist selbstverständlich abhängig von den individuellen biographischen und sozialpsychologischen Bedingungen, unter bzw. mit denen Menschen aufwachsen.

Erwachsene reagieren dadurch, daß bestimmte Wahrnehmungen und Beobachtungen unser Denksystem mit einem Signalimpuls belegen, wodurch wir reflektieren (= nachdenken). *Durch* diese kognitiven Prozesse werden Gefühle aktiviert und bringen uns dazu, in ganz bestimmter Art und Weise zu handeln. Verdeutlicht durch ein kleines Schaubild, sieht es so aus:

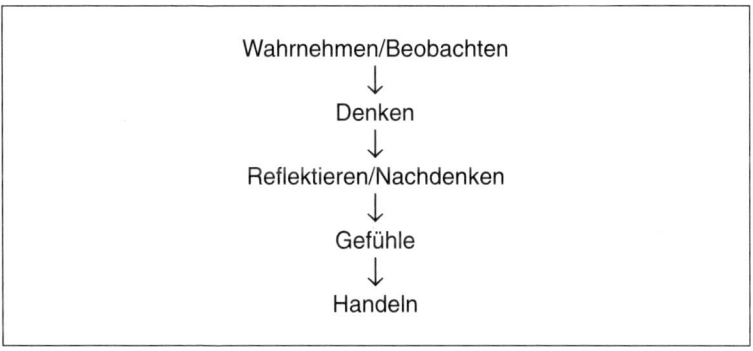

Verdeutlichen wir das Ganze an einem Beispiel: die Erzieherin Birgit nimmt wahr, daß plötzlich in einer Ecke des Kindergartenraumes ein Kind weint. Sie blickt auf und sieht Sven, der vor einem zusammengestürzten Holzturm steht. Ihre Gedanken kreisen um die Tatsache, daß Sven nur sehr gering belastbar ist. Sie überlegt, ob es günstig sei, zu ihm hinzueilen oder ihn nicht zu trösten, weil er einerseits hilflos ist, andererseits braucht er auch mutmachende Worte (Nachdenken). Ihr tut der kleine Kerl leid, wie er dort völlig zerknirscht steht und nicht zu wissen scheint, was er machen soll (Birgit spürt eigene Gefühle der Traurigkeit). Sie steht von ihrem Platz auf und geht auf Sven zu, um ihn mit ihrer Sprache zu begleiten (Handlung).

(Anmerkung: Bis ins frühe Grundschulalter hinein – Forschungs-
ergebnisse weisen auf ein Alter von ca. 7 1/2 Jahren hin – wird das
Verhalten der **Kinder** ausgesprochen stark von Gefühlen beherrscht.)
Kinder erleben und empfinden *ihr* Gefühl und drücken es unmit-
telbar durch ihr *Handeln* aus. Vereinfacht – wie oben – soll an dieser
Stelle der Ablauf des kindlichen Tuns skizziert werden:

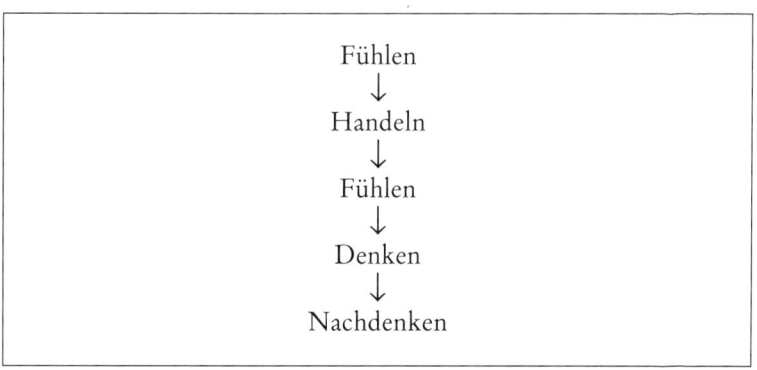

Das bedeutet im Gegensatz zum Erwachsenen, daß Kinder Gefühle
als einen psychischen Zustand spüren (Erleben von Spannung), Motive, jetzt etwas zu tun, erleben (Wunsch nach Entspannung) und *dann*
in eine **Handlung** einsteigen (Handlung als ein Resultat erlebter
Spannung und dem Bedürfnis nach Entspannung). Da somit Hand-
lungen gefühlsbetont sind, verhilft die Aktivität Kindern dazu, aus,
während und nach dem Handeln Gefühle zu erleben. Kognitive Vor-
gänge wie Denken und Nachdenken folgen erst zum Schluß. Bevor
an dieser Stelle ein Beispiel genannt werden soll, sei unmißverständlich auf die Gültigkeit und pädagogische Bedeutung dieser Verhaltensfolge hingewiesen:
● Kinder handeln aufgrund gespürter Gefühle, nicht, weil sie sich
  dazu entschieden haben, sondern weil es ihren psycho-physiologi-
  schen Grundlagen entspricht.
● Wenn Kinder aus Sicht der Erwachsenen etwas ‚Unüberlegtes‘
  oder ‚Falsches‘ tun, so ist es zunächst keine Absicht von Kindern;
  es entspricht vielmehr ihrer Entwicklungsphysiologie.
Die Konsequenzen für ein kompetentes Erzieherinnenverhalten
liegen auf der Hand:
● Wer Kindern ein ‚unüberlegtes‘ Handeln unterstellt, läßt das Wissen um die Ergebnisse aus der Entwicklungsphysiologie außer
  acht.

● Wer glaubt, ständig und immer mit Kindern über ihr Verhalten *reden* zu müssen, trägt fast immer zur Verwirrung von Kindern bei und provoziert durch eigenes Verhalten häufig Mißverständnisse.

● Alles *Lernen* (definiert als ein Verändern von Verhaltensweisen, nicht als ein isoliertes Aneignen von Einzelwissen) geschieht durch das Handeln, Tun, Agieren und *nicht* durch Worte.

Es wird vielleicht an dieser Stelle deutlich, warum z.b. die sogenannte „vorgezogene schulische Förderung im Vorschulalter", wie sie vor Jahren und auch teilweise heute noch praktiziert wurde/wird, zum Scheitern verurteilt war/ist. Zum einen trafen die Bedürfnisse von Erzieherinnen in der Regel weniger die der Kinder als vielmehr die der Eltern – siehe Verhaltensfolge Stufe 1 –, zum anderen wurde/ist das Handeln – Verhaltensfolge Stufe 2 – von Kindern sehr eingeschränkt, weil z.b. visuell-motorische Koordinationsübungen auf Vorschulblättern nur einen minimalen Ausschnitt körperlicher Aktivitäten darstellen. Wie konnte – denken wir einmal weiter – dann ein Kind Entspannung spüren, wenn diese oder jene Übungsdurchführung nicht den Kinderbedürfnissen entsprach, zumal Fühlen etwas mit dem deutlichen Aus-druck von Emotionen zu tun hat: lachen, bewegen, schreien, sich freuen, sich lauthals ärgern ... Und letztendlich blockieren gestaute Gefühle kognitive Prozesse wie z.b. das Denken.

Nehmen wir nun ein Beispiel zur Verdeutlichung auf: Sven bemerkt, daß die Bauecke mit den großen Holzklötzen, seinem Lieblingsspiel, frei ist. Vor ihm liegen die Klötze (Spannung), und er selber stellt sich das Spielen vor (Entspannung). Er rennt zur Bauecke (Handlung), setzt viele Teile aufeinander, und das ganze Bauwerk fällt plötzlich zusammen. Er weint (Gefühle). „Immer geht alles kaputt, was ich mache", klagt er (Denken). „Vielleicht klappt es dann, wenn du mir hilfst, Birgit" (Nachdenken). Kinder und Erwachsene unterscheiden sich im Umgang mit eigenen Gefühlen vor allem durch die Fähigkeit (bezogen auf **Kinder**) und Unfähigkeit (bezogen auf viele **Erwachsene**), mit ihnen umzugehen, sie zu erleben und zum festen Bestandteil ihres Lebens werden zu lassen. Da erscheint die Frage von Kristiane Allert-Wybranietz an Erwachsene durchaus berechtigt:

„Immer mehr legen ihre Gefühle
in die Tiefkühltruhe.
Ob sie glauben,
dadurch die Haltbarkeit zu verlängern?"
(aus: Trotz alledem. Fellbach 1985)

69

Und Dr. Janusz Korczak, sicherlich einer der größten Pädagogen dieses Jahrhunderts, der immer wieder in großer Deutlichkeit für die „Rechte des Kindes" eintrat und zur „Verteidigung von Kindern" aufrief, schreibt über das Gefühl folgendes:

„.../. Kein Wunder, daß wir so sehr den Intellekt achten. Er hat es erlaubt, so sehr viel zu erklären, zu bändigen, in Dienst zu nehmen; wir verdanken ihm viele, effektvolle Siege. Im übrigen wirkt er offen, hat bereits aufgehört, ein Geheimnis zu sein, und läßt sich, in Zahlen ausgedrückt, messen und fast wiegen. /.../. Anders das Gefühl: es geht auf die Suche, wie man damit zu den Leuten vordringen, sie gewinnen und nähren kann. Zweitausend Jahre, und Christi Gesetz ist fast hoffnungslos untergegangen. Hier ist jeder von neuem und nur für sich allein. Im übrigen ist es zu flüchtig, um gegen das Wissen anzukommen. Maschinen und Texte sagen, ob jemand begabt ist, ob er was kann. Es bleibt aber das Tragische: will er überhaupt? /.../. Also gilt es nicht nur zu begreifen, sondern (mit dem Kind) mitzufühlen; sich kindhaft freuen und betrübt sein, lieben und zürnen, beleidigt sein und sich schämen, Furcht haben und Vertrauen. Wie man es selber machen soll, und wenn das gelingt, wie es den anderen beibringen?

Die (Pädagogik und Psychologie) – vielleicht sage ich etwas Törichtes – muß sehr viel von der körperlichen Entwicklung des Kindes und erst recht viel von den Gefühlen sprechen: der Intellekt kommt erst am Ende."

(aus: Verteidigt die Kinder. Gütersloh 2. Aufl. 1983, S. 18f.)

Zum einen ist es natürlich für die Entwicklung von Kindern günstig, wenn diese vielfältige Möglichkeiten haben, sich im Erfahren und in der Auseinandersetzung mit Gefühlen beim Handeln zu erleben, zum anderen beginnt die Weiterentwicklung der eigenen Identität aber auch mit dem Spüren eigener Entwicklung, stolz auf etwas Geschafftes zu sein. Eine Arbeitshilfe zur Reflexion erlebter Gefühle ist mit dem folgenden Arbeitsblatt (Seite 71) gegeben.

Auseinandersetzung mit den eigenen Gefühlen heißt vor allem auch, sich mit der eigenen Kindheit, den angenehmen und schmerzvollen Kindheitserinnerungen zu beschäftigen, weil erfahrene Strukturen und Erlebnisse in den aktuellen heutigen Verhaltensmustern zum Vorschein kommen. *„In dir lebt das Kind, das du warst"* – so hat es der amerikanische Kinderpsychiater und Assistenzprofessor für Psychiatrie am „Ohio State University College of Medicine", W. Hugh Missildine, in seinem gleichnamigen Buch formuliert. Er geht dabei

**Reflexionsbogen zur Auseinandersetzung
mit eigenen Gefühlen**

Was	an mir selbst	... und wie drücke ich das Gefühl aus – direkt oder indirekt?
ärgert mich?		
belastet mich?		
nervt mich?		
ängstigt mich?		
schafft mir Sorgen?		
freut mich?		
entspannt mich?		
ruft bei mir Trauer hervor?		
lähmt mich?		

Welche Gefühle drücke ich eher
direkt und klar aus?

Welche Gefühle drücke ich eher
indirekt und unklar aus?

Welche Gefühle haben Oberhand?

Welche Gefühle möchte ich
mehr ent-wickeln?

von der Erkenntnis aus, daß das gesamte Verhalten und Erleben als Erwachsener entscheidend geprägt und bestimmt wird durch die Lebenserfahrungen, die in der Kindheit prägend waren. Und er bringt es auf den Punkt, wenn er sagt, daß viele Menschen deshalb unter seelischen Störungen leiden, weil sie sich von den Strukturen und Traumata ihrer Kindheit nicht befreien können. Erwachsene reagieren dabei noch immer wie das zu streng oder nachsichtig erzogene, das verwöhnte oder in seiner Angst bestätigte Kind von früher. Menschen handeln seiner Meinung nach weiterhin aus einer Lebenseinstellung, die häufig durch **Hilflosigkeiten und Abhängigkeiten** charakterisiert ist. Je weniger sich Erwachsene von ihrem Kindheits-Ich lösen können, umso stärker fühlen sie sich in ihre damalige Rolle oder die der Eltern hineingepreßt. Sie selber sind es, die nun das Kind von damals in sich bestrafen oder maßregeln, verwöhnen oder verspotten, ängstigen oder annehmen. Eigentümlichkeiten der Ursprungsfamilie lassen Erwachsene im heutigen Leben sich dort zu Hause fühlen, wo ein ähnliches Klima vorherrscht *oder* gestaltet werden kann. Dies ist das Gefühl, welches das „innere Kind von damals" heute auf unterschiedlichen Ebenen sucht.

Aline Weiss schreibt dazu:

„Jeder Erzieher hat selbst eine Geschichte als Erzogener hinter sich. Er hat in mehr oder weniger starkem Maße den Werteverlust dieser kindlichen Person, die er einmal war, erfahren. Diese vergangene Person lebt irgendwo in uns weiter, unbewältigt und nicht integriert in der erwachsenen Person. Ab und an erinnert uns ein angenehmes Gefühl an sie, das wir dann mit dem Klischee der glücklichen Kindheit verbinden. Je stärker wir diesen Bruch an uns selber vollzogen haben – und ich gehe davon aus, daß die meisten Frauen einen stärkeren Bruch zwischen Kindheit und Erwachsensein erleben als die meisten Männer –, desto mehr Schwierigkeiten werden wir haben, eine unangepaßte, ungebrochene kindliche Person zu tolerieren.

Die Forderungen und Wünsche der Kinder rufen zu viele eigene Versagungen in uns wach; unsere Überlebensstrategie würde ins Wanken geraten, wollten wir auf sie hören.

Die Tragik der Erzieherin ist, daß sie täglich nicht nur an den Kindern, sondern damit auch am eigenen Leib die Unterdrückung wiederholt, die sie selbst als Kind erlitten hat.

Dabei fühlen wir uns ganz selbstlos, denn wir kommen genauso wenig zu unserem Recht wie die Kinder und wollen doch nur ihr Bestes.

Wir müssen also ein neues Verständnis unseres Berufes finden; eines, das weniger auf angeborener Weiblichkeit und mehr auf Eigen-

schaften beruht, die uns selbst zugute kommen. Eines, das uns weniger Opfer abverlangt und mehr Entwicklungsmöglichkeiten bietet. So, daß Kinder und Erzieher auf ihre Kosten kommen."
(In: Theorie und Praxis der Sozialpädagogik, TPS, Heft 1/1982, S. 20)

Sicherlich ist auf diesem Hintergrund ihr Text besser zu verstehen, der kurz vorher so heißt:

„Je komplizierter eine Gesellschaft ist, je mehr also ein Mensch lernen muß, um sich darin zurechtzufinden, je bewußter muß auch die Erziehung gestaltet werden. Wenn sie aber in einer einseitigen Beziehung geschieht, wird den Kindern das Gefühl vermittelt, daß sie niemand sind, daß sie nichts zu geben haben, daß wir nichts von ihnen lernen können. Da das Wesen, das sie sind, nicht zur Kenntnis genommen wird, können sie selbst es nur als wertlos empfinden. Indem wir ihre Werte und Verhaltensweisen nicht annehmen, zerbrechen wir ihre Person, um auf den Trümmern einen Menschen nach unserem Bilde aufzubauen." (a.a.O., S. 19)

Wenn davon ausgegangen werden muß, daß Mitarbeiterinnen in pädagogischen Arbeitsfeldern durch *eigene* Verhaltensweisen, persönliche Belastungen und Entlastungsmöglichkeiten, eigene Arbeitsvorlieben und -abneigungen, weite oder enge Verhaltensmuster und sozialisationsbedingte Werte und Normenwelten in die Entwicklungsmöglichkeiten von Kindern/Kindergruppen eingreifen – gewollt oder ungewollt, bewußt oder unbewußt –, dann wird sehr deutlich, wie **entscheidend die eigene Identität** in ihren Auswirkungen auf Kinder, die Arbeit und die Erzieherinnen selbst ist.

Erzieherinnen sind damit gleichsam wie Therapeutinnen in ihrer Arbeit
- entwicklungsfördernd oder entwicklungshemmend,
- entwicklungsunterstützend oder entwicklungsbremsend,
- entwicklungsbegleitend oder entwicklungsstörend,
- entwicklungspflegend oder entwicklungsunterbindend.

Das mag sich für die eine oder andere Fachfrau sehr hart anhören, verliert aber dadurch nicht an Richtigkeit.

Um der Lebensbiographie aus der Reflexion der Gefühle heraus noch ein Stück näherzukommen, gibt es vier hilfreiche Übungen.

1. Sammeln Sie alleine oder zusammen mit Kolleginnen aus Zeitschriften einmal ganz unterschiedliche TIERBILDER – von der abgebildeten Maus, der Libelle, dem Tiger zum Känguruh, Igel oder vom Krokodil bis zur Hornisse. Es sollten dabei sehr, sehr viele ganzseitige Tierbilder zur Verfügung stehen. Hängen Sie diese Tierfotos gut sichtbar an die Wand und versuchen Sie dann ein-

mal, sich aus einer Entspannung heraus gedanklich mit *einem* Tier zu *identifizieren*. Nehmen Sie *dieses* Foto von der Wand und beschreiben Sie für sich oder in der Mitarbeiterinnengruppe möglichst genau, *warum* Sie sich für dieses Tier entschieden haben. Dabei wird es *nicht* um richtig und falsch gehen, sondern nur um einen aktuellen Einschätzungsgrad Ihrer Identifikation. Die anwesende Gruppe kann *nach* der Gesamtvorstellung aller Verständnisfragen stellen oder neue Gedankenanregungen einbringen.

2. Sammeln Sie alleine oder zusammen mit der Gruppe wiederum aus Zeitschriften ‚Paar-Bilder' – Menschenpaare am Strand, auf einem Berg, als Taucher im Meer, händchenhaltend durch den Wald gehend, nebeneinander – ohne körperlichen Kontakt – auf einem kurvigen Weg wandernd … Wichtig ist, daß dabei viele unterschiedliche Paar-Bilder zur Verfügung stehen; Bilder, die Nähe oder Distanz, Wut oder Freude, Zufriedenheit oder Unglück, Einsamkeit oder Freundschaft zum Ausdruck bringen. Hängen Sie diese Paar-Bilder wieder gut sichtbar an die Wand und stellen Sie sich dann die Frage, mit *welchem* Paar Sie sich *zur Zeit* am meisten identifizieren. Lassen Sie es dabei gerne zu, daß Kolleginnen Ihnen helfen, den augenblicklichen Gefühlen sehr nahe zu kommen.

3. Nehmen Sie sich alleine – oder zusammen mit Kolleginnen – einmal Zeit, **ihre aktuelle Lebenssituation** zu malen. Nutzen Sie dabei Ihre Lieblingsmalutensilien (Tusche, Fingerfarben, Ölfarben …) und denken Sie sich ein Motiv aus, das Ihre derzeitige Lage recht/ganz genau wiedergibt. Stellen Sie dann Ihr Motiv noch einmal sich und den anderen vor und reflektieren Sie alleine/gemeinsam Ihre Hoffnungen und Ängste, Traurigkeiten oder Freuden, Wünsche und Realitäten.

4. Die letzte Möglichkeit, die an dieser Stelle vorgestellt werden soll, entstammt der biographischen Forschung und kann durchaus in abgewandelter Form zum Ausgangspunkt einer tiefen **biographischen Anamnese** genutzt werden. Diese Arbeit lebt davon, daß auf der einen Seite eine Schätzskala zur Stärke erlebter Gefühle aufgeschrieben wird (in der Senkrechten), auf der anderen Seite die waagerechte Linie als eine Gliederung des Lebensalters aufgeteilt wird. Die Aufgabe besteht nun darin, möglichst viele Lebensereignisse – Erfahrungen, Geschehnisse – zu sammeln, diese dem entsprechenden Lebensalter zuzuordnen und gleichzeitig dort den biographischen Punkt zu setzen, wie angenehm oder unangenehm das Ereignis aus *damaliger* Sicht erlebt wurde. Fehlen in der Erinnerung die wahrscheinlich empfundenen Gefühlsqualitäten, so ist es auch möglich, eine Einschätzung aus heutiger Sicht vorzuneh-

men. Zum Schluß können alle Punkte mit einer Linie verbunden werden, und die selbsterfahrungsorientierte Person hat nun ein mögliches **eigenes Lebensschema** vor Augen. Erfahrungen mit dieser intensiven Selbsterfahrungsübung zum weiteren Ausbau der Identität lassen folgende praktische Hinweise notwendig erscheinen:

a) Diese Übung braucht *sehr* viel Zeit und Ruhe – sie ist kein Experiment, bei dem frau/man auf die Schnelle etwas abhakt, sondern bei dem man in viele Gedankengänge der Vergangenheit abtauchen und diese nachspüren kann.

b) Einmal begonnen, fallen oftmals nach Tagen oder Wochen immer wieder neue Erlebnisse, Ereignisse oder Geschehnisse ein, die dann selbstverständlich nachträglich auf dem großen Bogen Papier eingezeichnet werden können.

c) Manches Mal ist es hilfreich, Eltern oder Großeltern, Freunde oder Verwandte auf bestimmte Ereignisse anzusprechen, um aus den Berichten heraus Gedankenimpulse zu erhalten.

d) Die Lebensabschnitte sollten nicht zu eng nebeneinanderstehen – so kann in einem bestimmten Alter sehr viel geschehen, und es muß eben Platz da sein, um diese Ereignisse sorgsam zuzuordnen.

Auf der folgenden Seite ist ein Schema für diese biographische Anamnese vorgestellt.

Vielfach wird Mitarbeiterinnen in (sozial-)pädagogischen Berufen vorgehalten, sie würden zu wenig an ihrer eigenen Professionalität arbeiten. Der Umstand selbst verwundert nicht, sind doch die Bereiche **Professionalität und Identität** sehr eng miteinander verknüpft. Die Gestaltung der Arbeit auf der Ebene von Professionalität ist natürlich mit ganz persönlichen Eckwerten und Bedingungen verbunden, und persönliche Unzulänglichkeiten bzw. Grenzen geben auch die Unmöglichkeiten in einer zu leistenden Arbeit vor. Anders ausgedrückt bedeutet das: **Identitätsgrenzen sind gleichzeitig Professionalitätsgrenzen**, und dort, wo Erzieherinnen bewußt und motiviert an ihrer Identität arbeiten, **erweitert sich auch die Professionalität**. Negativ ausgedrückt beinhaltet der Satz aber auch, daß Erzieherinnen, die eigene Identitätsgrenzen als solche belassen – bewußt oder unbewußt –, aktiv dazu beitragen, daß Professionalitätsgrenzen konstant aufrechterhalten bleiben und Praxis sich nicht verändern kann/wird. Zum Unwohl der eigenen Person (Stichwort: burn-out) und der Kolleginnen, zum Schaden von Kindern und Eltern. Es kann und darf auch nicht verschwiegen werden, daß ungünstige Rahmenbedingungen

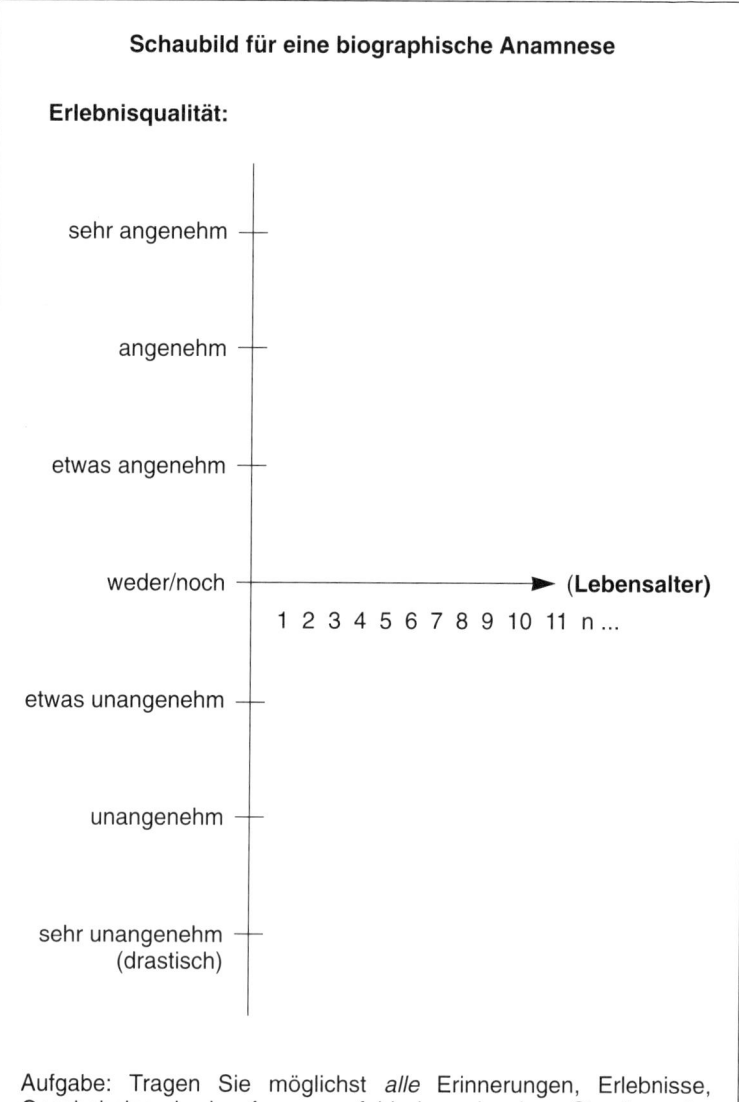

Schaubild für eine biographische Anamnese

Erlebnisqualität:

sehr angenehm

angenehm

etwas angenehm

weder/noch ──────────────▶ **(Lebensalter)**
1 2 3 4 5 6 7 8 9 10 11 n ...

etwas unangenehm

unangenehm

sehr unangenehm
(drastisch)

Aufgabe: Tragen Sie möglichst *alle* Erinnerungen, Erlebnisse, Geschehnisse in das Anamnesefeld ein und ordnen Sie diese der Erlebnisqualität zu. Versuchen Sie erst ganz zum Schluß, **Ihre persönliche Lebenskurve** durch Verbindung der Punkte zu visualisieren.

durchaus den Zuwachs an Professionalität behindern (nicht verhindern!) können und Identitätsentwicklung durch kontinuierliche Fremdbestimmung in Grenzen halten. Dies darf allerdings in keinem Fall zu einem Alibi benutzt werden, um so zu bleiben, wie frau/man ist.

Erzieherinnen, die sich mit ihrem eigenen Identitätsausbau beschäftigen – im Nachholen der Entwicklungsmöglichkeiten, die durch persönliche sozialisationsbedingte und familienspezifische Besonderheiten ihre ungünstigen Spuren hinterlassen haben –, entdecken dann auch immer mehr die Notwendigkeit, Kindern und Eltern sowie Kolleginnen bei ihrer Identitätsentwicklung zu helfen: ohne Hochnäsigkeit oder irgendein Sendungsbewußtsein, ohne Besserwisserei oder Arroganz. Damit wäre gewährleistet, daß Kinder weder überfordert noch auf unangemessene Ziele „hinerzogen" werden, Eltern in Erzieherinnen fachkompetente Ansprechpartnerinnen finden und Kolleginnen untereinander von der gegenseitigen Lernbereitschaft profitieren.

Identitätsentwicklung umfaßt die *ganze* Person eines Menschen. Sie geht – wie oben beschrieben – in die Tiefe einer Persönlichkeit, so daß ‚Pädagogik an' Kindern zu einer ‚Partnerschaft mit' Kindern bzw. zu einer ‚Entwicklungsbegleitung von' Kindern wird. Nicht ein aufgesetztes oder antrainiertes Wissen bestimmt die Realität, sondern veränderte Verhaltensweisen, die in der Person integriert sind, tragen dann zu einer wirklichen Beziehungsarbeit bei. „Persönlichkeit" ist dabei ein weitverbreiteter Begriff, und es stellt sich die Frage, *was* dieses Wort im eigentlichen Sinne meint.

M. Birkenbihl hat dazu ein Modell entwickelt, das zwar recht einfach ist, aber dadurch nicht weniger Richtigkeit besitzt:

Schichten der Persönlichkeit	
Worte	der gesprochene ‚Text'
ÜBERZEUGUNGEN ↑	Meinungen, Ansichten
Gefühle ↑	der emotionale Bezug
Haltungen ↑	Grundsätze, Wertvorstellungen
EXISTENTIELLE ↑ EINSTELLUNGEN	Lebenseinstellung, Weltbild, Glaube

Stellen wir uns einmal diese fünf Persönlichkeitsschichten wie ein Haus mit zwei Stockwerken vor, so bilden die existentiellen Einstellungen das Fundament. Hier finden fundamentale Lebenswerte ihre Basis und bestimmen damit die über ihnen liegenden Schichten. Haltungen, also eigene Werteentscheidungen und getroffene Grundsätze im Umgang mit sich und anderen, sind – um in dem Bild zu bleiben – der Keller, der in dem Haus dafür sorgt, daß die oberen Stockwerke zusammen mit dem Fundament eine Sicherheit an Stabilität gewährleisten. Die Gefühle bilden nun den Übergang zur Oberfläche – im Bild den ersten Deckenboden, denn alles, was wir Menschen mit unseren Sinnen wahrnehmen, ist in ein emotionales Geflecht eingebunden. Daraus entstehen Überzeugungen, Meinungen und Ansichten, die eine innere oder äußere Bewertung von Ereignissen vornehmen. Schließlich drücken wir Wahrnehmungen, Beobachtungen und Erlebnisse in Worten aus **auf der Grundlage der vier vorher benannten Schichten!** Bedauerlicherweise haben es viele Menschen verlernt, auf die Bedeutung der Worte *hinter* einem gesprochenen Text zu achten, so daß Mißverständnisse und Irritationen immer wieder neu provoziert werden. Identitätsentwicklung findet dort ihre Fortsetzung, wo oberflächliche Worte hinterfragt und auf tiefere Schichten zurückgeführt werden. Zwei Beispiele mögen dies verdeutlichen. Zum einen geht es um die Betrachtung einer Verhaltensweise eines Kindes, zum anderen um das Verhalten einer Mitarbeiterin in einem Kindergartenteam.

1. Michael rennt auf Johannes zu und schubst ihn beiseite: „Das ist *mein* Spielzeug, und das läßt du gefälligst da liegen." (= Worte)
2. Seiner Überzeugung nach darf kein anderer sein Spielzeug anfassen, weil es *nur* ihm gehört.
3. Obgleich Michael körperlich heftig und mit seiner Stimme lautstark auf seinen Besitz aufmerksam macht, ist er zwar im ersten Augenblick aggressiv, dennoch hat er ANGST, daß ihm jemand etwas weg-nimmt (!); etwas, wo er spürt, daß es zu ihm gehört (!).
4. Sein Grundsatz kann darin liegen, daß er Eigentum als etwas von außen / durch andere Unantastbares ansieht nach dem Motto: „Wer immer auch etwas von mir will, hat mich zu fragen." Oder: „Wenn mir andere etwas fortnehmen, bleibt für mich nichts übrig."
5. Michaels Lebenseinstellung läßt sich wie folgt zusammenfassen: „Alle zerren an mir herum und wollen, daß ich vernünftig bin. Nichts mache ich richtig und gebe Anlaß zur Klage. So wie ich bin, darf ich nicht sein; meine erlebte Welt ist gegen mich." (Anmerkung: eine anamnestische Untersuchung ergab, daß Michael sehr

leistungsbetonte Eltern hat, die ihn mit ihren Erwartungen sehr stark überforderten. So hatte er das Gefühl, daß ihm alle etwas fortnehmen wollen, was ihm gehört: Spontaneität, Freude, uneingeschränktes Spiel, die Möglichkeit, Fehler zu machen etc. Seine existentielle Einstellung, daß alle gegen ihn sind, überträgt er dabei auch auf sein Verbot an Johannes.)

Professionalität in der Entwicklungsbegleitung von Michael hatte sich in dem Kindergarten darin gezeigt, daß die Mitarbeiterinnen ihr Hauptschwergewicht auf die Zusammenarbeit mit den Eltern gelegt haben, um mit ihnen nach Möglichkeiten zu suchen, Michael Kind sein zu lassen. In dem Maße, wie die Eltern ihre Erwartungen zurückgeschraubt haben, in dem Maße ließ auch seine Angst nach, daß andere ihm ständig etwas wegnehmen – ihn in seiner Persönlichkeit beschneiden – wollten. Sein sozialer Umgang mit anderen Kindern fand zu dem Zeitpunkt einen Anfang, als er für sich erfahren konnte, daß er mit sich nach eigenen Möglichkeiten umgehen **durfte**. Welch ein pädagogisches Drama wäre daraus entstanden, wenn Mitarbeiterinnen an dieser Stelle z.b. ein Themenprojekt *„Abgeben und Teilen"* mit Kinder erarbeitet hätten.

Worte sind nur die Spitze eines Persönlichkeitsausdrucks – sie sind eine *Folge* aus tieferliegenden Schichten, die es zu sehen und zu verstehen gilt.

Das zweite Beispiel:

1. Susanne ist in der Teamsitzung zurückgezogen und hört der Besprechung nur mit einem Ohr zu. Darauf angesprochen, sie möge sich doch bitte an der Diskussion zur Erstellung einer Einrichtungskonzeption beteiligen, sagt sie schließlich: „Ich weiß nicht recht, ob ich tatsächlich an so einer umfangreichen und schwierigen Aufgabe mitarbeiten kann."

2. Sie vertritt damit die Meinung, daß auf der einen Seite wohl eine Konzeption wichtig ist, auf der anderen Seite die eigene Kompetenz möglicherweise nicht ausreicht, inhaltliche Eckwerte mitzubestimmen. Vielleicht ist sie sogar der Ansicht, daß die anderen Fachfrauen es – wie sonst auch in der pädagogischen Arbeit – besser können.

3. Susanne ist unsicher – das drücken auch ihre Worte aus. (Wie sich später herausgestellt hat, spürt(e) sie in der Form Angst, daß die anderen von ihr erwarten, aktiv mitzuarbeiten, sie selbst aber sehr deutlich davor scheut, sich hinterfragen zu lassen, bzw. das Risiko einer Konfrontation einzugehen.)

4. Ihr Grundsatz ist der: „Ich mache meine Arbeit mit Kindern in der Gruppe so gut, wie ich kann. In dieser Geborgenheit (Zurückgezo-

genheit) fühle ich mich wohl. Offene Konfrontationen schaffen Verletzungen, und die will ich nicht ertragen müssen."

5. Susannes Lebenseinstellung ist geprägt von einem geringen Selbstwertgefühl. Das äußert(e) sich deutlich in einer Diskussion, in der sie u.a. sagte:

„Was können wir, was kann ich schon mit einer Konzeption ändern?"

(Weltbild: Die „Großen" bestimmen das Geschehen, und wir selber führen nur aus.)

„Wir ändern die Rahmenbedingungen auch nicht."

(Weltbild: Kraftanstrengungen sind es dann nicht wert, aufgebracht zu werden, wenn ich merke, daß der Einsatz keine Aussicht auf einen Erfolg hat.)

„Bei solch' schwierigen Aufgaben versage ich meistens."

(Lebenseinstellung: Pessimismus in der Einschätzung eigener Kompetenz.)

Identitätserweiterung lebt davon, den Grundgefühlen, Haltungen und letztlich den dahinterliegenden existentiellen Einstellungen auf die Spur zu kommen, um Weltbild und Glaube nach persönlichen Zielen zu stabilisieren.

Entwicklungsbegleitende Arbeit mit Kindern wird nur dort gelingen, wo Erzieherinnen *konstant* und intensiv, motiviert und aktiv an ihrer eigenen Identität arbeiten. Ganz im Sinne einer Persönlichkeitsentfaltung auf der Grundlage vieler Selbsterfahrungen und persönlicher Auseinandersetzungen. Offenheit für sich und Anregungen von anderen bilden gleichsam eine Voraussetzung, die den eigenen Willen stärkt, sich auf neue Erfahrungen und Veränderungen einzulassen. Allerdings darf dabei weniger eine **„Verbalakrobatik"** im Vordergrund stehen, die so aussieht, daß Menschen lediglich mit Worten jonglieren und treffsichere Ziele aufstellen, ohne darauf zu achten, daß Identitätsentwicklung *auch* mit einem **veränderten Tun – zumindest mit Versuchen** – immer in einem engverknüpften Zusammenhang steht. Viele Erwachsene mißachten bei der Zielformulierung schnell die **Präzision** ihrer Vorhaben: ein „ich-sollte-mal-darauf-achten, daß-ich-mutiger-werde" oder ein „ich-müßte-eigentlich-mal-die-unterschwelligen-Konflikte-im-Team-ansprechen" ist dabei so unpräzise formuliert, daß sich – bildlich gesprochen – unsere alten Verhaltensmuster die Hände reiben und nach dem Werbemotto „Du darfst so bleiben wie du bist" mit gebührender Sicherheit einer tatsächlichen Nichtveränderung gelassen entgegensehen.

Ziele in der Auseinandersetzung mit sich selbst und auch mit anderen Menschen weisen dann einen voraussichtlichen Erfolg aus, wenn sie

1. ● persönlich,
2. ● erreichbar,
3. ● meßbar und
4. ● nachprüfbar

sind.

zu 1. Ziele müssen *persönlich* sein – sie haben aus der eigenen Motivation und den eigenen Vorstellungen zu entstehen, wobei es nicht darauf ankommt, was *andere* meinen oder sagen, vorschlagen oder empfehlen, sondern sich nur aus dem herleiten, was ganz persönlich als wichtig angesehen wird. Identität und Professionalität haben immer dort ihre Beschränkungen, wenn Fremdbestimmungen zum Maßstab der eigenen Person werden. Sich verleugnen hieße, unehrlich mit sich umzugehen, andere Meinungen wichtiger zu nehmen als die eigene.

zu 2. Ziele müssen *erreichbar* sein. Es nützt gar nichts, gutklingende Grobziele so hoch aufzuhängen, daß schon ein Blick oder ein Gedanke an dieses schwere Ziel die Vermutung reifen läßt, „das klappe sowieso nicht". Menschen, die z.b. in einer Teamsitzung grundsätzlich nichts von sich preisgeben, werden ihr Ziel weitaus eher erreichen, aktiv mitzuarbeiten, wenn sie sich entscheiden, mindestens 1x zu einem der Tagesordnungspunkte ihre persönliche oder fachliche Meinung zu äußern.

zu 3. Ziele müssen *meßbar* sein. Die unklaren Begriffsformulierungen „häufiger, weniger, mehr, öfter" dienen bei gesetzten Zielen nicht dem Zweck, bestimmte Verhaltensweisen oder Vorhaben zu präzisieren. Was bedeutet schon, wenn z.b. in einer Mitarbeiterinnenbesprechung ausgesagt wird, „wir sollten uns einmal demnächst um den Informationsaustausch über unsere Projekte Gedanken machen." Meßbar ist dagegen die Aufforderung, „in der kommenden Mitarbeiterinnenbesprechung pro Gruppe das zur Zeit laufende Projekt vorzustellen, wobei jede Gruppe 10 Minuten Zeit hat, die eigene Vorstellung mit einer graphischen Darstellung auf einem Plakat darzulegen."

Viele Zielsetzungen scheinen gerade in Teams, in denen es auf der Beziehungsebene Schwierigkeiten miteinander gibt, deshalb so offen gehalten zu sein, um Risiken der Auseinandersetzung zu vermeiden. Damit wird gleichzeitig die Lähmung von Aktivitäten gestärkt.

zu 4. Ziele müssen *nachprüfbar* sein. Vorhaben, die präzise beschrieben wurden, wie z.b.

● Katja nimmt in dieser Woche telefonischen Kontakt zur Grundschule mit der Lehrerin Frau Müller auf, um ein Gespräch mit ihr über Sven für die Einschulung in der kommenden Woche im Kindergarten zu vereinbaren; oder

● Katrin stellt die Tagesordnung für die kommende Mitarbeiterinnensitzung zusammen, schreibt diese auf ein Blatt und hängt es dann bis Donnerstag im Mitarbeiterinnenraum zur Kenntnis aller an der Pinwand auf; oder

● Laura entwirft bis zur nächsten Mitarbeiterinnensitzung ein Plakat für den Elternabend „Spielen und Lernen – warum das Spiel für Kinder so wichtig ist" und stellt es dem Team zum ersten Tagesordnungspunkt ‚Gesamtelternabend am 19.8.1994' vor.

Die Nachprüfbarkeit von Zielen trägt entscheidend dazu bei, daß professionelles Handeln zu einem grundsätzlichen Vorgehen im Kindergartenalltag dazugehört.

Reinhold Stipsits bringt es wie folgt auf den Punkt, wenn er schreibt: „Dieses Selbst zu sein, ist eine der schwierigsten Herausforderungen für den Menschen. Es ist ein Faktum und eine Aufgabe zugleich. Es bedeutet auch die Herausforderung, sich ständig der Tatsache bewußt zu sein, immer wählen zu können. Prinzipielle Freiheit verlangt konkrete Entscheidungen in jeder Situation."
(In: Person werden. Frankfurt 1988, S. 11)

Sicherlich fällt eine Entscheidung zugunsten einer schmerzvollen Selbsterfahrung nicht leicht, aber wer von Kindern und Eltern, Mitarbeiterinnen und dem Träger verlangt, sich auf neue Sicht- und Erlebensweisen einzulassen, sollte auch den Mut haben, immer bei sich selber zu beginnen.

„Und ohne mich weiter dabei aufzuhalten, möchte ich doch anmerken, daß enorme Starrheit sowohl bei Dinosauriern als auch bei Diktaturen nachweislich sehr wenig dazu taugt, die Art zu erhalten."
(In: Richard Evans: Carl Rogers, the man and his ideas. New York 1975, Seite 71)

d) Auseinandersetzung mit anderen

Persönliche Identität und berufliche Professionalität beginnen zwar immer bei der Auseinandersetzung mit sich selbst, sind aber letztlich *nur* in der Begegnung und Erprobung mit anderen zu überprüfen, zu erweitern, in Teilbereichen zu korrigieren oder zu stabilisieren. Meinungen, Ansichten und Einstellungen sind in einer Demokratie so vielfältig, wie es Blumen auf einer Sommerwiese gibt. Es reicht nicht, sich selber oder andere in Frage zu stellen, eigene oder fremde Positionen zu überprüfen oder Handlungsperspektiven zu hinterfragen. Ebenso wichtig ist die Bereitschaft, sich und einzelne Verhaltensweisen in Frage stellen, eigene Positionen überprüfen oder Handlungsperspektiven hinterfragen zu lassen, *damit* eine wechselseitige Kommunikation entsteht. Problematisch wird es immer dann, wenn aus Beobachtungen Interpretationen werden, die dazu führen, daß eigene Deutungsmuster zur neuen – ungerechtfertigten – Wahrheit werden. Professionalität zeigt sich an dieser Stelle, wenn Menschen der eigenen Wahrnehmung mehr vertrauen als eigenen oder fremden Vermutungen. Und um genau das zu erreichen, ist es hilfreich, im Umgang mit sich und anderen eine

● Kommunikationskultur
  und
● Streitkultur

aufzubauen, in denen das Gespräch lebendig wird, um z.B.

● Widersprüche wahrzunehmen und aufzudecken,
● Lösungen zu suchen und zu finden,
● Aufgaben als Herausforderungen anzunehmen,
● Meinungen gegeneinander abzuwägen,
● Gewohnheiten in Frage zu stellen,
● Regeln auf ihre Gültigkeit zu überprüfen,
● Abneigungen zu erforschen und preiszugeben,
● Sinnzusammenhänge zwischen scheinbar unzusammenhängenden Merkmalen herzustellen oder
● berufliche Freiheiten zum Wohl aller Beteiligten zu nutzen.

Ein besonders gut verständliches und gedanklich nachvollziehbares Modell, das eine Fülle an Möglichkeiten zum Erkennen eigener Verhaltensweisen und zur Reflexion fremder Verhaltensmerkmale bietet, haben die beiden Forscher Joe Luft und Harry Ingham entwickelt. Dazu entwarfen sie ein Bild, das einem Fenster ähnlich ist, mit vier unterschiedlichen Feldern. Beide Forscher meinen, daß jede Person *vier* Verhaltensebenen lebt, diese allerdings in einer jeweils unterschiedlichen Ausprägung. (Der Name dieses Modells ,Johari-Fenster' ergibt sich übrigens aus den Anfangsbuchstaben der Namen der Forscher.)

Schauen wir uns dieses einsichtige Modell (Seite 84) einmal näher an, dann bedeuten die vier Felder sozusagen: es gibt ein Bündel an Verhaltensweisen,

(1) die mir selber und den anderen bekannt sind,
(2) die mir selber unbekannt, den anderen aber bekannt sind,
(3) mir selber bekannt und den anderen unbekannt sind und
(4) mir selber und den anderen unbekannt sind.

Das erste Feld repräsentiert meine öffentliche Person, wie ich mich zeige, was ich von mir preisgeben werde, wie ich gesehen werden möchte und womit ich mich für andere sichtbar darstelle. Das zweite

Das Johari-Fenster		
	mir selber bekannt	mir selber unbekannt
den anderen bekannt	Feld 1: Öffentliche Person	Feld 2: Blinder Fleck
	z.B. Aktivitäten Interessen	Gewohnheiten Vorurteile Wertvorstellungen
den anderen unbekannt	Feld 3: Private Person	Feld 4: Verschlossener Bereich
	z.B. Ängste, Abneigungen ,geheime' Wünsche	unbewußte, nicht erkennbare Verhaltensmuster

Feld ist dagegen schon etwas problematischer. Hier verstecken sich Verhaltensweisen, die mir selber gar nicht auffallen und in denen sich bestimmte Eigenarten (im Verhalten, in der Sprache, in der Bewegung) und Gewohnheiten, Wertvorstellungen und Zwänge, stereotype Muster und gelebte Normen ausdrücken. Anderen Menschen fallen sie auf, mir nicht (mehr).

Im dritten Feld, für viele Menschen das Lieblingsfenster, finden alle privaten Dinge ihren Platz, die einem selber sehr wohl bekannt sind, die aber sicherheitshalber vor den Augen anderer geschützt und verborgen bleiben. Diese heimlichen Ängste oder unterdrückten Abneigungen, geheimen Wünsche oder Vorlieben werden dabei häufig so gut vor anderen Menschen versteckt, daß sie für diese kaum oder gar nicht zu existieren scheinen. Wer kennt nicht den Ausspruch: „Aber von dir hätte ich das bestimmt nicht gedacht. Gerade du, die du doch immer ...“

Das vierte Feld enthält nun schließlich alle unbewußten, mir selber und den anderen unbekannten Dinge, die zwar in mir ihre feste Bedeutung haben, allerdings eben als unbekannte Verhaltens- und Einstellungsvariablen existieren. Stark verdrängte Triebstauungen, unbewußte Hemmungen und fest verschlossene, schmerzhafte Erinnerungen der Vergangenheit sind zwar im verschlossenen Bereich angesiedelt, entwickeln dort aber bedeutende Kräfte.

Ein Blick auf Menschen läßt nun – je nach dem Ausprägungsgrad einer gefundenen Identität – unterschiedliche Fenstergrößen zu. Das bedeutet, je nachdem wie *intensiv* Menschen an ihrer eigenen Person – und dies auch mit Hilfe anderer, z.b. in der Supervision – selbsterfahrungsorientiert gearbeitet haben, je nachdem ist auch die Aufteilung der Felder – und damit die Persönlichkeitsreife – gestaltet.

Übertragen auf den pädagogischen Arbeitsbereich heißt das nun wie folgt: Erzieherinnen, die sich nur wenig wirklich öffnen, wenig von sich preisgeben, mit eigenen Arbeitsvorstellungen zurückhalten und mit persönlichen Erfahrungen dichtmachen, haben

- ein kleines Feld 1 (z.b. aus Angst, Risiken einzugehen und möglicherweise Fehler zu machen),
- ein verhältnismäßig großes Feld 2 (z.b. aus dem Wunsch, alles beim alten zu lassen, an Vorurteilen festzuhalten, Wertvorstellungen nicht zu reflektieren oder Gewohnheiten als eigene Sicherheiten beizubehalten),
- ein ausgesprochen großes Feld 3 (nach dem Motto: alles Private geht andere Menschen gar nichts an) und
- ein verhältnismäßig großes Feld 4 (z.b. aus Angst davor, sich mit der eigenen Lebensbiographie noch einmal intensiv erlebend auseinanderzusetzen).

Dagegen weisen Erzieherinnen, die den Mut haben, sich öffentlich zu machen, ihre Meinung deutlich zum Ausdruck zu bringen, den vielen blinden Flecken auf die Spur zu kommen, vieles aus ihrem Privatbereich nach außen zu tragen, und die auch das Risiko auf sich nehmen, sich mit dem verschlossenen Bereich z.b. durch Supervision, Eigentherapie, Selbsterfahrung, intensive Mitarbeiterinnengespräche auseinanderzusetzen, eine andere Fensteraufteilung auf:

- ein großes Feld 1 (z.b. durch lebendige Auseinandersetzungen und Diskussionen),
- ein kleines Feld 2 (z.b. durch gesuchte Feed-backs),
- ein verhältnismäßig kleines, aber konstantes Feld 3 (nach der existentiellen Einstellung: Privatheit ja, Versteckendes nein)
- und ein verhältnismäßig kleines Feld 4 (Selbsterkenntnis durch Selbsterfahrung).

Hier zeigt sich, wie risikofreudig, selbsterkenntnisorientiert und aktiv Erzieherinnen die Arbeit der Identitätsentwicklung und Professionalisierungsdynamik bewußt auf sich nehmen: im eigenen Interesse und in Verantwortung vor Kindern, Kolleginnen und Eltern. Der Anspruch einer **ganzheitlichen Pädagogik** zeigt sich im **ganzheitlichen Umgang mit der eigenen Person.**

Nur durch die aktive Auseinandersetzung mit sich und anderen, dem Herstellen einer großen Öffentlichkeit, indem Absichten und Motive zur Sichtweise von Dingen oder Arbeitsvorhaben erläutert und vorgetragen werden, dem In-Erfahrung-Bringen bisher unbekannter Verhaltensmuster und dem schmerzhaften Beschäftigen mit unbewußten Strukturen werden Erzieherinnen – wie selbstverständlich auch andere Helferinnen in psychosozialen Berufen – zur Veränderung von Praxis entscheidend mitwirken. Natürlich gehören zu einer bewußten Veränderung der Verhaltensfelder Mut und Risikobereitschaft. Gerade sie sind aber nötig, Bedingungen und Situationen zu verändern, damit einerseits der Erziehungs-, Bildungs- und Betreuungsauftrag des Kindergartens umgesetzt werden kann, andererseits Kinder und Erzieherinnen eine Zukunft haben, weil politische und verbandsverbundene Kräfte in Deutschland eher mit großen Worten um sich werfen als *wirklich* etwas zur Verbesserung der Identitätsentwicklungen real beizutragen.

An dieser Stelle wird deutlich:

Wer den Anspruch an sich selber stellt, Interessenvertreterin für Kinder zu sein, muß eigene Interessen auch deutlich selber vertreten.

Wer Partnerin von Kindern sein möchte, muß auch partnerschaftlich – ganzheitlich – mit sich umgehen.

Wer sich mit Freude und Motivation für Kinder einsetzen will, muß sich zunächst auch für sich selber einsetzen.

Wer Kindern in ihrer Entwicklung dabei helfen möchte, kritisch zu sein/zu werden, muß kritisch mit sich und der Welt um sich herum umgehen.

Wer den ideellen Anspruch hat, Fürsprecherin für Kinder zu sein, muß zunächst deutlich für und mit sich selber sprechen.

Wer verbesserte Bedingungen für die Entwicklung von Kindern anmahnt, muß sich selber mahnend begegnen.

Wer im Interesse von Kindern kritisch und wachsam sein möchte, muß auch wachsam mit eigenen Verhaltensweisen – ohne Ausgrenzung – umgehen.

Wer Entwicklungen erkennen will, muß ständig – auch mit anderen – an der eigenen Entwicklung arbeiten.

Wer Kindern helfen möchte, Autonomie und Initiative zu entwickeln bzw. auszubauen, muß selber initiativ sein.

Wer Kinder dabei unterstützen möchte, Bedürfnisse, Gefühle und Schwierigkeiten auszudrücken, muß zunächst eigene Bedürfnisse spüren und leben, eigene Gefühle ausdrücken und eigene Schwierigkeiten bewußt in Augenschein nehmen und handlungsorientiert aufgreifen.

Wolfgang Liegle schreibt dazu:

> „Erkenne dich selbst,
> bevor du Kinder zu erkennen trachtest."

Wenn Auseinandersetzungen mit anderen dazu genutzt werden sollen, bei sich und mit den Teamerinnen die soziale Kompetenz zu vergrößern, sollte es im Austausch untereinander klar und offen zugehen. Sicherlich ist es günstig, eigene Worte in Auseinandersetzungen so zu formulieren, daß es für den anderen nicht automatisch zu einem Angriff oder einer Bedrohung wird. Dadurch werden Fronten aufgebaut, und Machtkämpfe sind die Folge. Auf der anderen Seite sind aber auch ein überhöhtes Maß an Rücksichtnahme oder eine grundsätzliche Zurückhaltung (Zitat: „Sie ist zur Zeit so belastet, daß ich ihr die Diskussion um ihre Arbeitsweise nicht zumuten will.") dort völlig fehl am Platze, weil Unterschiede und Widersprüche unter den Teppich gekehrt werden. (Anmerkung: In einigen (sozial)pädagogischen Einrichtungen sind die Wellen unter dem Teppichboden so hoch, daß nur noch eine stolpernde Gangart möglich ist.) Viele Mitarbeiterinnen in Kindergärten und anderen (sozial)pädagogischen Einrichtungen sind nach außen bemüht, ein Bild der Harmonie zu demonstrieren, obgleich es unter der Oberfläche reichlich brodelt. Das Dilemma liegt schließlich darin, daß

● Beziehungsstörungen automatisch (!) ihre Auswirkungen auf Kinder haben,

● Arbeitsprojekte durch eine gespannte Atmosphäre viel von ihrer Dynamik und Freude verlieren,

● organisatorische Abstimmungen in Teamsitzungen eine deutliche Oberhand gewinnen vor inhaltlichen Diskussionen,

● Arbeitsvorhaben bei gruppenübergreifenden Projekten nicht oder nur teilweise sorgsam koordiniert werden,

● atmosphärische Störungen eine Cliquenwirtschaft begünstigen oder

● ‚heimliche Verabschiedungen' aus dem Beruf die Arbeitsmotivation auf den Nullpunkt bringen.

Vor allem gilt es in diesem Zusammenhang, ein Mißverständnis aufzudecken: nicht die Offenheit ist als eine Voraussetzung dafür notwendig, sich mit anderen auseinanderzusetzen, sondern die Auseinandersetzung mit anderen schafft Offenheit. Wir vertauschen nicht selten **Ursache und Wirkung** und schaffen dabei Alibis für uns selber, dem Risiko einer Diskussion zu entgehen. Nicht die Sympathie ist Voraussetzung, sich mit einer anderen Meinung in Teamsitzungen einzugeben, sondern klare Meinungsäußerungen schaffen die Grundlage für Verstehen und Sympathie.

Sicherlich kann dabei folgendes Arbeitsblatt (Seite 89) helfen, die konstruktive Auseinandersetzung mit sich und anderen zu unterstützen.

Zwei Forscher aus dem Feld der Sozialpsychologie (F. Zöchbauer und H. Hoekstra) haben ein verständliches Modell entwickelt, um zu veranschaulichen, auf welchen unterschiedlichen Kommunikationsebenen Menschen sich begegnen können.

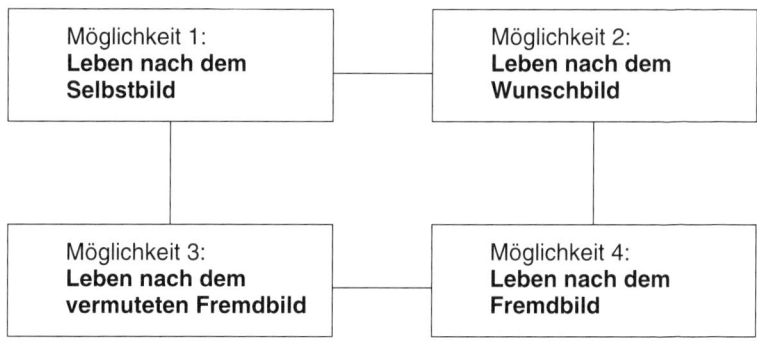

Erklärung:

Möglichkeit 1 (Selbstbild): Hier geschieht eine private und berufliche Lebensgestaltung, wie sich Personen selber sehen: mit ihren Möglichkeiten und Grenzen, Hoffnungen und Chancen.

Möglichkeit 2 (Wunschbild): Hier passiert eine Ausrichtung des Lebens nach dem Motto: „Wie ich möchte, daß mich andere sehen: Kolleginnen, Eltern, Kinder, Träger, Freunde ...".

Möglichkeit 3 (Vermutetes Fremdbild): Hier geschieht eine Lebensführung nach dem Motto: „Wie ich glaube, daß mich andere Personen sehen".

Möglichkeit 4 (Fremdbild): Schließlich fügen sich Menschen ganz in die Erwartungen von anderen und gestalten ihr Leben so, wie sie als Person von anderen gesehen werden (= Identitätsverlust durch Fremdbestimmung).

Arbeitsblatt zum Austausch eigener und fremder Meinungen

Ich glaube, *meine starken* Seiten sind

im Umgang mit mir selbst:

im Umgang mit Kolleginnen:

im Umgang mit Kindern:

Ich glaube, *meine schwachen* Seiten sind

im Umgang mit mir selbst:

im Umgang mit Kolleginnen:

im Umgang mit Kindern:

Ich glaube, *andere* glauben, meine starken Seiten sind

im Umgang mit mir selbst:

im Umgang mit Kolleginnen:

im Umgang mit Kindern:

Ich glaube, *andere* glauben, meine schwachen Seiten sind

im Umgang mit mir selbst:

im Umgang mit Kolleginnen:

im Umgang mit Kindern:

(Gedanken aus der Reflexion im Team:)

Wenn nun davon ausgegangen werden muß – empirische Untersuchungen belegen dies in klarer Art und Weise –, daß die meisten Menschen nach ihrem Wunschbild leben, an zweiter Stelle ihr Leben nach dem vermuteten Fremdbild ausrichten, an dritter Stelle ihr Leben dem Fremdbild unterordnen und erst an vierter, letzter Stelle ihr Leben nach dem eigenen Selbstbild gestalten, dann wird deutlich, von welch großer Tragweite die Forderung ist, sich in der Auseinandersetzung mit anderen zu erfahren und damit am eigenen Profil zu arbeiten.

Nur durch eine bewußte Entscheidung, sich mit dem eigenen Selbstbild zu konfrontieren, sich mit der Frage zu beschäftigen, wie das eigene Wunschbild gestaltet ist und welche Elemente in der privaten/beruflichen Lebensgestaltung damit verknüpft sind, ob es Vorstellungen gibt, wie die eigene Person von anderen gesehen wird bzw. ob vielleicht sogar schon Lebenselemente nach einem Fremdbild ausgerichtet werden, können persönliches Wachstum und berufliche Professionalität entstehen.

> „Das wichtigste Haus
> baut sich der Mensch in seiner Seele.
> Und es ist ein Haus,
> das nicht im Feuer verbrennt
> und nicht im Wasser untergeht.
> Dauerhafter ist es
> als alle Ziegelsteine und Diamanten.“
> (Fjodor Abramow)

Wer in diesem Zusammenhang vielleicht spürt, daß die eigene Kraft nicht ausreicht, bisher aufgezeigte Wege zu begehen, dem sei an dieser Stelle ein kurzes Märchen erzählt:

Ein orientalisches Märchen berichtet von den alten Göttern, die zu entscheiden versuchen, wo sie die Kraft des Weltalls verstecken sollten, so daß der Mensch diese ungeheure Kraft nicht finden und zerstörerisch verwenden könne.

Ein Gott sagte: „Laß sie uns auf dem höchsten Gipfel des Berges verstecken.“ Ein anderer Gott sagte: „Laß uns die Kraft auf dem Grund des Meeres verstecken.“ Aber sie entschieden, daß der Mensch schließlich den höchsten Berg ersteigen und die große Kraft finden würde. Wiederum entschieden sie, daß der Mensch schließlich auch die Tiefe der See erforschen würde. So schlug ein dritter Gott vor: „Laß uns die Kraft des Weltalls in der Mitte der Erde verstecken.“ Aber sie mutmaßten, daß der Mensch eines Tages auch diese Region erobern würde. Schließlich sagte der weiseste Gott der Götter: „Ich weiß, was zu tun ist. Laß uns die Kraft des Universums im Menschen selber verstecken, in seinem Inneren. Er wird niemals daran denken, dort danach zu suchen."

Nach diesem alten Märchen versteckten sie tatsächlich die Kraft des Universums im Menschen selbst, ganz tief im Inneren des Menschen, wo sie bei vielen noch heute liegt.

Identität und Professionalität als wechselseitig voneinander abhängige Variablen werden sich zudem nur dort entwickeln, wo Erzieherinnen eine Form der Persönlichkeit (= ICH-FORM) leben, die darauf ausgerichtet ist, den Wachstumsprozeß bei sich und anderen zu unterstützen. James und Jongeward, zwei Wissenschaftler, haben zur Übersicht und Kennzeichnung real-gelebter Ich-Formen ein Modell entwickelt, in dem *drei* Möglichkeiten vorgestellt sind, seine Ich-Form im privaten und beruflichen Bereich zu leben.

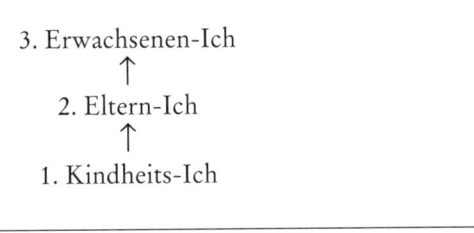

Jede Ich-Form zeigt sich dabei in ganz bestimmten Umgangsweisen mit sich selber und hat entsprechende Auswirkungen auf die Menschen, mit denen zusammen gelebt und gearbeitet wird.

So beschreiben sie zunächst den Verhaltenszustand der Menschen, die im KINDHEITS-ICH leben: diese haben viele eigene Kindheitserinnerungen nicht verarbeitet, halten sich vor allem in den vielfältigen Mustern unreflektierter Verhaltensweisen auf, gehen den spontanen Wünschen von Lust und Unlust nach (gemäß dem Motto: „was ich heute nicht schaffe, schaffe ich vielleicht morgen", oder „kommt Zeit, kommt Rat", oder „mal sehen, ob ich es versuchen werde") und zeichnen selbst das Bild der unschuldigen Opfer in einer bösen, fremden, gegen sie persönlich gerichteten Welt.

Vielfältige Verhaltensweisen sind so auch im (sozial)pädagogischen Arbeitsfeld zu finden, in dem Erzieherinnen mit einem **Kindheits-Ich**

- spontan sich zufällig ergebende Gelegenheiten, die nach ihrem persönlichen Geschmack verlaufen, genießen,
- durchaus eifrig arbeiten, aber ohne selbst gesetzte Ziele, weil fremdbestimmte oder erwartete Verhaltensweisen zur Realität gehören,
- eher anderen die Schuld bei Mißerfolgen zuschieben, ohne dabei eigene Anteile zu beachten,
- bei anderen dann Unterstützung suchen, wenn sie selber auf Schwierigkeiten stoßen, ohne es zunächst selber zu versuchen,
- über andere reden und bei Konfrontationen aus Sorge ,um ihren Ruf' nicht dazu stehen,
- vieles in der Arbeit heimlich unternehmen, um möglichen Auseinandersetzungen aus dem Wege zu gehen,
- sich aus Konflikten heraushalten aus Sorge darüber, Verantwortung mitübernehmen zu müssen,
- schnell bei Auseinandersetzungen eine Harmonie herstellen wollen, dies auch um den Preis der Verdrängung von Restkonflikten,
- bei Entscheidungen, die ihnen nicht gefallen, nörgeln, *ohne* neue, konstruktive Gegenvorschläge zu unterbreiten,
- sich nur dann an feste Absprachen halten, wenn diese ihnen entgegenkommen und gefallen,
- nur ungerne Verantwortung für ihr Tun übernehmen,
- Risiken meiden, wenn diese mit einer möglichen negativen Rückmeldung verbunden sind,
- wenig Fachliteratur lesen, weil einmal gefundene Wahrheiten auf lange Zeit Gültigkeit besitzen sollen,
- Grenzerfahrungen meiden, um einem gefühlsmäßigen Ungleichgewicht aus dem Wege zu gehen,
- Selbsterfahrung eigentlich ablehnen und ihr mit Vorurteilen begegnen,
- in Entscheidungen unklar sind,
- es gerne sehen, wenn andere ihnen wichtige Entscheidungen abnehmen,
- entweder laute, destruktive Kritik äußern *oder* nichtgeäußerte Kritik in sich hineinfressen,
- gerne andere für sich arbeiten lassen,
- glauben, alleine durch Zuhören etwas zu lernen,
- häufig Gründe finden, nicht in großem Rahmen aufzufallen und dann Stellung beziehen zu müssen,
- Fremdkritik dann üben, wenn es für sie persönlich ungefährlich ist *oder* wenn andere abwesend sind,
- sich entweder schnell von anderen überzeugen lassen trotz einer zu

Anfang gegensätzlichen Meinung *oder* verbockt und starr auf ihrem Standpunkt bestehen, ohne Gegenargumente fachlich zu reflektieren,

● viele Geschehnisse nur durch die „persönlich gefärbte Beziehungsbrille" als durch eine „fachorientierte Inhaltsbrille" sehen,

● jedes öffentliche Anecken dann vermeiden, wenn die Gefahr besteht, durch andere zum Sündenbock gemacht werden zu können,

● Vermutungen und Vorurteile zum Ausgangspunkt von Betrachtungen machen,

● große Schwierigkeiten damit haben, von anderen Menschen nicht gemocht zu werden,

● es durchweg ablehnen – im Sinne eines Vorwurfs –, im Kindheits-Ich zu stecken.

Der Zustand der Menschen, die im **Eltern-Ich** leben, ist ebenfalls schnell skizziert: sie zeigen – entweder bewußt oder unbewußt – vor allem tradierte Normen, die für sie selbst und andere Gültigkeit erhalten sollen/haben. Sie konnten bis zum jetzigen Zeitpunkt nicht die Möglichkeit erwerben, sich von den eigenen Eltern emotional zu lösen, und denken daher sehr stark in den Kategorien von

– gut und schlecht,

– richtig und falsch,

– angemessen oder unangemessen,

– entweder–oder.

Ein Verhalten auf dieser Ebene bringt daher auch in Mitarbeiterinnengruppen viele Machtkämpfe zum Vorschein, die allerdings nicht dazu geeignet sind, Konflikte auf eine niederlagenlose Methode zu klären. Personen mit einem **Eltern-Ich**

● leben viel aus Vermutungen und Phantasien, weil Wahrnehmungen eigene Denkstrukturen ins Wanken bringen könn(t)en,

● arbeiten und definieren sich aus ihrer Arbeit heraus, aus jahrelanger Praxis und der Äußerung, daß die Praxis ein bestimmtes Vorgehen erforderlich macht,

● lesen eher wenig Fachliteratur und glauben, „alles" Notwendige zu wissen,

● suchen dann die Auseinandersetzung, wenn die Einschätzung besteht, als Gewinner aus dem ‚Kampf' hervorzugehen,

● kämpfen bei Machtauseinandersetzungen heftig auf einer Beziehungsebene mit,

● kennen sich *nur* in begrenzten Erfahrungen,

● halten lange an einmal gefundenen Standpunkten fest,

● gehen nur überschaubare Risiken ein,

- tadeln andere, wenn ihnen etwas nicht gelungen ist, nehmen sich aber das Vorrecht, Fehler machen zu dürfen,
- sind durchaus bereit, sich auf kognitive Lernprozesse einzulassen, solange diese keine Änderung von ihnen verlangen,
- üben vor allem aus dem Grunde Kritik, um in der Sichtweise anderer besser dazustehen,
- drücken Gefühle von Angst und Trauer nur kontrolliert aus im Gegensatz zu Wut und Ärger,
- nehmen zwar formal Selbstkritik auf sich, allerdings nur kognitiv,
- lassen sich nur schwer vom Gegenteil einer Sache überzeugen,
- wollen andere mit eigenen Wahrheiten unbedingt überzeugen,
- reden über andere Menschen, vor allem in deren Abwesenheit,
- halten an festen Arbeitsplanungen eher starr fest,
- ziehen unter den vielfältigen elementarpädagogischen Ansätzen den Funktionsansatz vor,
- versuchen es zu erreichen, von anderen Menschen gemocht zu werden,
- tragen Sachkonflikte häufig auf der Beziehungsebene aus,
- leben viel aus Vermutungen *und* bestätigen sich in Vorurteilen,
- brauchen möglichst immer Menschen um sich herum, um eigene Soziabilität zu demonstrieren,
- solidarisieren sich bei ernsten Konflikten mit der stärkeren Seite,
- gehen keine wirklichen Risiken ein, sondern pochen auf bestehende Aufsichtspflichten,
- moralisieren (!) dann, wenn ihnen Argumente fehlen,
- bündeln Arbeiten an sich, um möglichst immer den Überblick zu besitzen,
- können es schwer ertragen, wenn Kinder ihre eigenen Freiräume suchen,
- sorgen auch für andere, um Abhängigkeiten aufzubauen,
- lassen Sinnzusammenhänge bei unterschiedlichen Ereignissen außer acht.

Menschen, die es durch Selbsterfahrung, Supervision und andere kontinuierliche Lernprozesse geschafft haben, im **Erwachsenen-Ich** zu leben, begründen ihre professionelle Arbeit mit ihrem deutlichen Identitätszuwachs. Diese Form des Lebens ist auch eine der schwierigsten in einer Welt, die eher auf ein Leben mit guten Außenwirkungen, wenig Konflikten und einem reibungslosen Durchmogeln ausgerichtet ist.

Menschen mit einem Erwachsenen-Ich nehmen die ganze Breite der Realität wahr, beobachten Geschehnisse innerhalb und außerhalb ihrer Einrichtung und wissen diese klug und intelligent auszuwerten.

Sie haben es allerdings aufgrund ihres analytischen Denkvermögens, ihrer Klarheit in Auseinandersetzungen und durch ihre vielfältigen erwachsenen Verhaltensweisen nicht leicht, in einer Welt zu bestehen, in der Wahrheiten und objektive Ergebnisse in ihrer ganzen Klarheit immer weniger gefragt sind – sowohl im Mikrokosmos Familie/Kindergarten als auch im Makrokosmos Politik und Pädagogik. Wichtig erscheint in diesem Zusammenhang mit den Ich-Formen zu sein, daß z.b. das Erwachsenen-Ich völlig *unabhängig* vom Lebensalter ist. Es kommt sehr häufig vor, daß Kinder ein Erwachsenen-Ich leben und auf Erzieherinnen treffen, die im Eltern-Ich ihr Zuhause gefunden haben. Was folgt, ist klar: Runde frei, der Kampf beginnt. Es wird deutlich, daß es natürlich nicht möglich ist, Kinder in ihrer Entwicklung zu unterstützen, wenn Erzieherinnen – wie *alle* anderen Helferinnen im weiten psychosozialen Feld auch – eine Ich-Form leben, die dem wirklichen Wachsen von Kindern diametral entgegensteht. Daher ergibt sich folgende Schlußfolgerung: Wenn Erzieherinnen zu Recht den Anspruch haben, Praxis zum Wohle von Kindern (und Eltern) zu verändern, dann ist dies nur möglich, wenn in möglichst vielen – nicht allen, das wäre Utopie – Situationen Verhaltensweisen gezeigt werden, die denen aus dem Feld eines **Erwachsenen-Ichs** entsprechen, indem z.b.

● Geschehnisse und Ereignisse entsprechend der Realität wahrgenommen werden,

● die Arbeit mit Kindern, Eltern und Kolleginnen auf der Grundlage abgesicherter Forschungsergebnisse reflektiert wird,

● eigenes Verhalten immer wieder durchdacht und an den Eckwerten verändert wird, wo Innovationen notwendig erscheinen,

● ein hohes Interesse am Zuwachs von Fachkompetenz besteht,

● viel und regelmäßig gelesen wird,

● Auseinandersetzungen dort gesucht werden, wo es nötig ist,

● Stellung bezogen wird, um Klarheiten auf den Tisch zu bringen,

● Machtkämpfe soweit wie möglich vermieden werden,

● Selbstvertrauen zum weiteren Ausbau der Kompetenz genutzt wird,

● eigene Standpunkte öffentlich – für alle hörbar – preisgegeben werden, um Situationen, die verändert werden müssen, zu identifizieren,

● Risiken eingegangen werden, ohne sich ständig absichern zu müssen,

● auch ungewöhnliche, kreative Problemlösungsversuche unternommen werden,

● Selbstkritik geäußert wird, ohne sich dabei selber zu zerstören,

● Gefühle wie Wut und Ärger, Trauer, Freude und Angst direkt ausgedrückt werden, ohne abzuwiegeln oder Gefühle zu kaschieren,
● Entscheidungen bei neuen Informationen selbstverständlich korrigiert werden können,
● Arbeit deutlich strukturiert wird, ohne starr zu werden,
● bewußt auf das Reden über andere (Abwesende) verzichtet wird,
● es *nicht* anderen überlassen wird, für sich Sorge tragen zu lassen,
● Beziehungs- und Sachebenen in Auseinandersetzungen deutlich differenziert werden,
● die Tatsache akzeptiert wird, sich durch Fachkompetenz unbeliebt zu machen,
● Selbstdisziplin in gesetzten Zielen geübt wird,
● dort Stellung bezogen wird, wo es im Interesse von Kinder- und Berufspolitik angezeigt ist,
● Wahrnehmungen wichtiger sind als Vorurteile,
● Professionalität im Beruf eine hohe Beachtung findet.

Sicherlich bietet es sich an, diese und weitere Verhaltensmerkmale zum Ausgangspunkt einer Teambesprechung zu machen unter der Fragestellung: *Wer* in unserem Team zeigt *welche* Verhaltensweisen, in *welcher* Ich-Form, mit *welchen* Auswirkungen auf die Arbeit, die Umgangskultur mit den Mitarbeiterinnen und die Aktualität einer entwicklungsunterstützenden Pädagogik dieser Einrichtung?

Vielleicht bietet es sich sogar an, diese Thematik an einem Teamwochenende in einer Tagungsstätte miteinander zu bearbeiten. Gegenargumente sollten selbstverständlich gehört und diskutiert werden, und schon dabei ist es möglich, spezifische Verhaltensweisen zu beobachten.

Das Geheimnis des Könnens
liegt im Wollen.
(Giuseppe Mazzini)

Im folgenden werden ein paar Arbeitsblätter vorgestellt, die bei dem Wunsch nach konstruktiver Auseinandersetzung dazu beitragen, Klarheit im Umgang miteinander zu bekommen und gleichzeitig mögliche Konfliktpunkte zu lokalisieren. Selbstverständlich können diese Arbeitshilfen nur Anregungen sein. Vielleicht bietet es sich an, Begriffe oder Fragestellungen auszutauschen, zu verändern oder so abzuwandeln, daß einrichtungsspezifische Besonderheiten noch individueller berücksichtigt werden können.

Arbeitsblatt zur Beschreibung des Organisationsklimas in der Einrichtung

1. Strukturierung:
   Planlosigkeit vs. Reglementierung
   Mehrdeutigkeit vs. Eindeutigkeit

2. Autonomie:
   Abhängigkeit vs. Selbständigkeit
   Fremdbestimmung vs. Gestaltungsvielfalt

3. Betriebsklima:
   Mißtrauen vs. Vertrauen
   Distanziertheit vs. Nähe

4. Leistungsorientierung:
   Trägheit vs. Schwung
   Desinteresse vs. Motivation

5. Kooperation:
   Cliquenbildung vs. Integration
   Nebeneinander vs. Miteinander
   Konfrontationen vs. Konfliktlösungsversuchen

6. Umgangskultur:
   Ungerechtigkeit vs. Fairness
   Unkalkulierbarkeit vs. Berechenbarkeit

7. Entwicklung:
   Starrheit vs. Änderungsbereitschaft
   Risikofeindlichkeit vs. Risikofreude
   Sicherheitsdenken vs. Flexibilität

8. Hierarchie
   Unterordnung – Partnerschaft
   Ungleichheit vs. relative Gleichheit

Arbeitsblatt zur Beschreibung der tatsächlichen Kommunikation bei Auseinandersetzungen im Team

1. Art der Kommunikation:
   ziellos vs. zielorientiert

2. Vorgehen bei Kommunikationsproblemen:
   verworren vs. klar und eindeutig

3. Ebene der Auseinandersetzung:
   beziehungsorientiert vs. inhaltsorientiert

4. Möglichkeit des Einbringens von Ideen:
   sofortige Bewertung vs. unterbrechungsfreies Zuhören

5. Beteiligung der Mitarbeiterinnen:
   ungleichmäßig vs. gleichmäßig (alle)

6. Problemorientierung bei Auseinandersetzungen:
   eigenprofiliert vs. problemkernorientiert

7. Qualität der Kommunikationsatmosphäre:
   angstauslösend vs. angstfrei

8. Art der Auseinandersetzung:
   verdeckte Angriffe vs. offene Fragen

9. Bearbeitung einer Problemtiefe:
   an der Oberfläche vs. in der Tiefe der Fragestellung

10. Kommunikationsstruktur bei Auseinandersetzungen:
    gegen Personen gerichtet vs. auf Verhaltensweisen konzentriert

Arbeitsblatt zur deutlichen Benennung von Anforderungen, um am Profil der Einrichtung konstruktiv weiterzuarbeiten

Ziel:...
(z.B. Offenlegung von Unzufriedenheiten)

Anforderungen, die ich an mich stelle:	Anforderungen, die an mich gestellt werden:	Anforderungen, die ich an die Mitarbeiterinnen stelle:
A)		
B)		
C)		
D)		

e) Auseinandersetzung mit dem Berufsfeld

In einem „Berufsbild für Erzieherinnen" heißt es:

„Das pädagogische Handeln (1) der Erzieherin geschieht im Spannungsfeld (2) vielfältiger, oft widersprüchlicher Erwartungen (3), die von Kindern, Eltern, Träger und der Allgemeinheit an Erzieherinnen herangetragen werden. Erzieherinnen verstehen sich dabei in erster Linie als Partner des Kindes und Jugendlichen (4) und Anwalt ihrer Interessen (5). Erzieherinnen treten insbesondere für die Erhaltung und Verbesserung der Lebensbedingungen von Kindern und Jugendlichen (6) aller Schichten, Nationen und Religionen ein (7). Von diesem Standpunkt aus muß sie ständig neu die Berechtigung der Ansprüche prüfen (8), die an sie gestellt werden. Erzieherinnen treffen die Entscheidungen (9) für ihr erzieherisches Handeln (10) auf der Grundlage einer kritischen Auseinandersetzung (11) sowohl mit den pädagogischen Traditionen (12) als auch mit neuen, wissenschaftlichen Erkenntnissen (13) und bildungspolitischen Strömungen (14). Das pädagogische Handeln der Erzieherinnen hat die Förderung der Gesamtpersönlichkeit des Kindes und Jugendlichen zum Ziel (15) und geht damit über eine bloße Bewahrung oder die Schulung einzelner Fertigkeiten hinaus (16). Erzieherinnen berücksichtigen die Bedürfnisse der Kinder und Jugendlichen (17), ihre Lebenssituation (18) und die Entwicklungsaufgaben der jeweiligen Altersstufen (19)."

Diese Aussagen von einem kirchlichen Bundesverband sollen im folgenden dazu dienen, die Bedeutung der Auseinandersetzung mit dem Berufsfeld herauszustellen.

zu 1) Wenn in einem Berufsbild von einem „pädagogischen Handeln" in der Praxis die Rede ist, wird deutlich, daß es um eine qualitätsorientierte Arbeit in den (sozial)pädagogischen Einrichtungen geht. Pädagogisches Handeln umfaßt mehr als nur die Begriffe ,Vermittlung von Zuneigung', ,Anbieten von Basteleien' oder ,Aufmerksamkeit für das einzelne Kind'. Pädagogisches Handeln vollzieht sich in einem ständigen Lernprozeß von Kindern *und* Erwachsenen, bei dem *beide* Seiten voneinander und miteinander lernen. Entwicklungsbegleitung beschreibt dabei sicherlich am besten das Wort Pädagogik, bei dem es darum geht, Kindern in *ihrer* Welt zu helfen, sich zurechtzufinden. Ohne Frage sind menschliche Verhaltensweisen wie Wertschätzung, Achtung, Nähe *und* Distanz, Vertrauen unverzichtbar und lassen daher die Entwicklungsbegleitung zu einer ,menschlichen Pädagogik', zu einem ,humanen pädagogischen Handeln' werden.

zu 2) Wenn im Berufsbild völlig richtig von einem „Spannungsfeld"
gesprochen wird, so ist dies zunächst eine elementare Aussage.
Pädagogik ist und darf *kein* Feld des Ausruhens für Erzieherinnen
sein, sondern ist per se ein Knotenpunkt vielfältiger Interessen.
Pädagogik lebte und lebt immer aus Widersprüchen, Ungereimthei-
ten, unterschiedlichen Wahrheiten und konträr zueinander stehenden
Anforderungen, in denen es *nie* ‚die eine, unumstößliche Wahrheit'
gab bzw. gibt. Wer sich auf das Erfahrungsfeld Pädagogik einläßt, hat
deutlich und ständig damit zu rechnen, *daß* durchgeführte Pädagogik
hinterfragt, kritisiert und verändert werden soll. Ähnlich wie in der
freien Wirtschaft. Dadurch, *daß* sich Kindheiten heute so schnell verändern und Lebensbedingungen einem ständigen Wandel unterzogen
sind, richtet sich die Aufmerksamkeit vieler Eltern genau auf die Einrichtung Kindergarten, die dazu beitragen kann, daß nun ein völlig
neuer, fremder Einfluß auf Kinder ausgeübt wird. Das Spannungsfeld
Pädagogik ist damit eine unumstößliche Realität; ja, es kann sogar ge-
mutmaßt werden, daß dort, wo *keine* Spannungen geschehen, wahrscheinlich der heute gültige Erziehungs-, Bildungs- und Betreuungsauftrag *nicht* beachtet wird. Stattdessen können sich Erzieherinnen
entschieden haben, auf der Schiene einer ‚Harmonie' zu fahren, müssen sich dann aber fragen lassen, zu welchen Lasten und zu wessen
Nachteil diese Entscheidung getroffen wurde.

zu 3) Die Erwartungen und Ansprüche an die Elementarpädagogik
sind tatsächlich vielfältig und widersprüchlich. Auf der einen Seite
gibt es Eltern, die voller Ungeduld auf das warten, was Kinder im
Kindergarten produziert haben, auf der anderen Seite gibt es Eltern,
die zu recht vehement dafür eintreten, daß ihre Kinder ausgiebig und
viel spielen können. Auf der einen Seite gibt es Eltern, die eine gute
Schulvorbereitung ihrer Kinder im letzten Jahr des Kindergartenbe-
suchs erwarten, auf der anderen Seite plädieren andere Eltern dafür,
Kindern ihren Freiraum zu lassen und eine wie immer geartete Zukunft nicht zur Gegenwart zu erklären. So, wie es Jean Paul
(1763–1825) einmal formuliert hat:

> „Wenn man Kinder mit Wissen vollstopft:
> Was heißt das anders, als in einem fort
> einen Acker mit Samen auf Samen vollsäen?
> Daraus kann wohl ein toter Kornspeicher,
> aber kein lebendiges Erntefeld werden.
> Oder – in einer anderen Gleichung –
> eure Uhr steht so lange, als ihr sie aufzieht;

und ihr zieht die Kinder ewig auf
und laßt sie nicht gehen."

Allen Erwartungen zu entsprechen versuchen hieße, sich zu verzetteln und eigene Ziele zu verwässern. Unterschiedliche Erwartungen können nur dadurch auf den Punkt konzentriert werden, wenn einerseits Abgrenzungen vorgenommen, auf der anderen Seite klare Entscheidungen verdeutlicht werden. Erinnert sei noch einmal an den Spruch:

Wer nach allen Seiten offen ist,
kann nicht ganz dicht sein.

zu 4) Erzieherinnen verstehen sich an erster Stelle als „Partnerinnen von Kindern" – welch eine gewichtige Aussage. Kinder hatten und haben in der Realität dieser Gesellschaft keine Lobby, die es vermag, Kinderrechte zur Praxis werden zu lassen. Auch wenn es einen „Deutschen Kinderrat", die „Kinderkommission im Deutschen Bundestag", die „Rechte des Kindes nach der Charta der Vereinten Nationen" oder „Kinderbeauftragte" gibt. Wie sonst ist es zu erklären, daß sich Rahmenbedingungen und Kindertagesstättengesetze bzw. ihre Verordnungen kontinuierlich gegen die Rechte von Kindern wenden? Partnerinnen von Kindern zu sein hat dabei viele Gesichtspunkte:

● Kindern ist das Recht zuzugestehen, selber zu entscheiden, was, wann, wieviel und ob sie überhaupt im Kindergarten essen möchten;
● Kindern ist das Recht zuzugestehen, ihre Tagesabläufe mit den Erzieherinnen gemeinsam abzusprechen und zu planen;
● Kindern ist das Recht zuzugestehen, *ihre* Zeit zu brauchen, um einmal ohne Termindruck bei *einer* Sache bleiben zu können;
● Kindern ist das Recht zuzugestehen, immer wieder neugierig und erfahrungsorientiert die Projekte mitzugestalten und nach ihren Wünschen auszubauen;
● Kindern ist das Recht zuzugestehen, daß sie ihre Gefühle äußern können, ohne daß ihnen Erwachsene ihre Gefühle wegnehmen oder zerreden sollen;
● Kindern ist das Recht zuzugestehen, bei Krankheit zu Hause zu bleiben und nicht den Kindergarten besuchen zu müssen;
● Kindern ist das Recht zuzugestehen, ihre Meinung genauso frei und deutlich zu sagen, wie es Erzieherinnen auch tun.

Partnerinnen von Kindern fühlen sich damit der Entwicklungspädagogik und -psychologie auf der Grundlage einer humanistischen

Haltung verpflichtet, daß Kinder sich im Kindergarten als Gäste dieser Einrichtung verstehen und erleben können, ohne mit Ängsten oder Sorgen den Kindergarten zu betreten, weil sie erwarten müssen, es werden von ihnen Entscheidungen abverlangt, die sie überfordern.

zu 5) Anwältinnen der Interessen von Kindern haben eine Reihe unterschiedlicher Aufgaben:

- sie legen Mißstände, die Kinder ihnen durch ihre Verhaltensweisen, Erzählungen oder Zeichnungen demonstrieren, offen und versuchen dafür Sorge zu tragen, daß es Kindern besser gehen kann;
- sie verstehen Verhaltensauffälligkeiten als notwendiges „Signal- und Problemlöseverhalten" und tragen nicht durch isolierte pädagogische oder therapeutische Maßnahmen dazu bei, daß Auslöser und Gründe für Verhaltensauffälligkeiten bleiben und stattdessen mit dem Kind als Symptomträger gearbeitet wird;
- sie achten darauf, daß sich Eltern nicht in Anwesenheit ihrer Kinder schlecht über sie äußern, so daß Kinder sich entdeckt oder verraten vorkommen;
- sie machen Kinder zum Ausgangspunkt ihrer Arbeit und nicht eigene Ideen, von denen sie glauben, daß Kinder sich damit auseinandersetzen sollten;
- sie setzen sich auch öffentlich für eine Kinder(garten)pädagogik ein, die es ermöglicht, den gesetzlichen Auftrag auch inhaltlich zu erfüllen;
- sie sorgen schließlich innerhalb des Teams für eine Atmosphäre, daß Kinder sich in *ihrer* Einrichtung angenommen und verstanden fühlen.

zu 6) Das Eintreten für die Erhaltung und Verbesserung der Lebensbedingungen von Kindern setzt zunächst einmal voraus, daß Mitarbeiterinnen diese überhaupt kennen. Hausbesuche, gegenseitiges Kennenlernen und gemeinsame Ausflüge zu den Elternhäusern und Arbeitsstellen der Eltern gehören zum festen Bestandteil einer Praxis, die Wert darauf legt, Lebensbedingungen der Kinder in Erfahrung zu bringen. Häufig ist die ‚Gemeinwesenarbeit' der Sozialpädagogik in Vergessenheit geraten, so daß zwar von der Notwendigkeit die Rede ist, das Kind da abzuholen, wo es steht, doch gehört es in vielen Kindertagesstätten leider nicht mehr zum Alltag, sich nach außen zu orientieren. Mit diesem sechsten Punkt ist aber sicherlich auch gemeint, daß Mitarbeiterinnen in Elterngesprächen, bei Elternabenden oder Beratungen ganz klar und deutlich Forderungen benennen, die Kindern helfen, in ihrer Entwicklung vorwärtszukommen. Eintreten für die Erhaltung und Verbesserung der Lebensbedingungen setzt eine unmißverständliche Sprache und eine abgrenzende (nicht ausgrenzende!) Auseinandersetzung voraus, um einer identischen Pädagogik Profil zu verleihen.

zu 7) In einer multikulturellen Gesellschaft wie Deutschland ist es unumgänglich, andere Kulturen, Kinder und Eltern anderer Nationen und Religionen ebenso als gleichwertig zu akzeptieren wie Kinder aus Problemfamilien, die in Situationen hineingeboren wurden, die sie nicht beeinflussen können. In einer Zeit, in der eine Zunahme an Rechtsradikalismus und ein Abnehmen an sozialer Integrität festzustellen ist, gehört es auch zur Auseinandersetzung mit dem Berufsfeld, deutliche Standpunkte gegen jedwede Ausgrenzung anderer Menschen zu beziehen.

zu 8) Eine Überprüfung der Berechtigung von Ansprüchen – von allen Seiten – ist nicht nur Aufgabe, sondern eine Selbstverständlichkeit zugleich. Ansprüche ergeben sich aus Hoffnungen und Ängsten, Wünschen und Zielen, die zunächst einmal nicht gegen Personen gerichtet, sondern an die Arbeit gestellt werden. Dabei stellt sich heraus, welche Ansprüche berechtigt sind und welche nicht.

zu 9) Als Bündnispartnerinnen treffen Erzieherinnen dann die Entscheidung – so steht es im Berufsbild –, welche Pädagogik sie vertreten möchten, bzw. welche Schwerpunkte sie in ihrer Arbeit zum Ausgangspunkt erklären. Es kann nicht angehen, daß Träger oder Verbände bestimmte pädagogische Akzente gegen die Entscheidungen von praxisorientierten Fachfrauen treffen. Das führt zu Irritationen und zu Unzufriedenheit. Hier muß eine Dialogbereitschaft auf beiden Seiten erfolgen und immer wieder versucht werden, Ansprüche gegeneinander abzuwägen in der Wertschätzung vor Erzieherinnen.

zu 10) Erzieherisches Handeln ist ein ständiges Aushandeln von Möglichkeiten und Grenzen, Vorgaben und Freiheiten, Selbstbestimmung und Fremdorientierung. Aufbewahrung ist *kein* erzieherisches Handeln, ebensowenig wie Verplanung und Bestimmung von Kindern.

zu 11) Mitarbeiterinnen, die sich als Anwältinnen von Kindern verstehen, suchen motiviert und neugierig die kritische Auseinandersetzung. Kritisch – reflektiert, eigenständig und professionell. Dazu gehören unterschiedliche Methoden der Diskussionsführung, vielfältiges Wissen um rhetorische Möglichkeiten und vor allem eine Akzeptanz eigener Standpunkte. Es darf nicht darum gehen, anderen Menschen zu gefallen, sondern kindorientiert und fachkompetent kritische Auseinandersetzungen anzunehmen als eine Chance, Wirklichkeiten zu verändern.

zu 12) Pädagogische Traditionen gibt es viele. Ohne ihnen per se eine Berechtigung abzusprechen, ist es aber hilfreich, den Kindergartenalltag daraufhin zu überprüfen, ob nicht Regelungen bestehen, die durch veränderte Kindheiten ihre Bedeutung verloren haben. Auf der anderen Seite darf auch nicht aus einer überzogenen modernistischen Sichtweise grundsätzlich dafür plädiert werden, alle pädagogischen Traditionen aufzuheben. Vielmehr geht es darum, eine Bestandsaufnahme durchzuführen und in gemeinsamer Besprechung festzulegen, ob und welche pädagogischen Traditionen noch ihren Wert für Kinder besitzen und welche ihren Wert eingebüßt haben. Auch hier gilt die Maxime: Anwältinnen von Kindern beteiligen sie selbstverständlich an der Entscheidungsfindung.

zu 13) Die kritische Auseinandersetzung mit wissenschaftlichen Erkenntnissen setzt eine Fachkompetenz voraus, die durch regelmäßiges Lesen von Fachbüchern und Fachzeitschriften erworben wird. So darf es nicht geschehen, daß durch bestimmte Vertreter bestimmter wissenschaftlicher Richtungen von heute auf morgen eine Pädagogik verändert wird, die z.B. für Verunsicherungen auf der Seite von Kindern verantwortlich zeichnet. Fachkompetenz, die dabei hilft, wissenschaftliche Erkenntnisse sorgsam und mit Zeit abzuwägen, sorgt für gesicherte Entscheidungen, die fundiert sind und nicht aus dem Boden gestampft wurden. Der Vorwurf, daß wissenschaftliche Erkenntnisse in der Kindergartenpädagogik für viele unverständlich sind, ist teilweise berechtigt. Wissenschaftler sollten unbedingt in dem eingeschlagenen Weg fortfahren, sich verständlich auszudrücken, damit Praktikerinnen Gelesenes verstehen. Gleichzeitig haben Erzieherinnen sich aber auch an wissenschaftliche Erkenntnisse heranzuwagen, ohne in Unkenntnis der Ergebnisse schon im Vorfeld zu entscheiden, daß das sicherlich sowieso niemand verstehe.

zu 14) Bildungspolitische Strömungen haben einerseits ihr Gutes, andererseits auch ihre Gefahren. Ihre Vorteile liegen darin, daß sie dazu beitragen, tradierte Wege in Frage zu stellen, aufzurütteln, Unruhe zu schaffen und für eine neue Spannung zu sorgen. Ihre Nachteile liegen darin, daß Menschen mit wenig Identität und einer vorhandenen Un-

professionalität sehr schnell auf den „Wagen neuer bildungspoliti-
scher Strömungen aufspringen", um erst beim Fahren die Frage zu
stellen, ob dieser Weg ans gesetzte Ziel führt. Denken wir wieder dabei nur an die „kompensatorische Erziehung" der sechziger Jahre
oder die „Vorschulorientierung" in den siebziger Jahren.

zu 15) Wenn die Förderung der Gesamtpersönlichkeit eines jeden
Kindes im Vordergrund steht, verbieten sich von selbst teilisolierte
Förderprogramme oder Teilfunktionsübungen. Sie wenden sich nur
an ausgegliederte Einzelmaßnahmen, die *an* Kindern angewandt werden. Ganzheitliche Entwicklungsunterstützung akzeptiert das Kind
als ein **gleichzeitig fühlendes, handelndes und denkendes** Wesen,
das es verdient, nicht in Einzelteilen betrachtet und versorgt zu werden.

zu 16) Eine „Schulung einzelner Fähigkeiten" läßt Sinnzusammenhänge im Entwicklungskreis eines Kindes außer acht. So, wie bekannt
ist, daß z.b. Sprachentwicklung und Motorik, Aggressionen und das
Gefühl von Angst, Trauer und Anspannung oder Überforderung und
psychosomatische Beschwerden eng miteinander verknüpft sind,
würde die Schulung einzelner Fähigkeiten den Entwicklungskreislauf
zerstören und damit neue Auffälligkeiten provozieren. Dazu kommt,
daß nicht selten eine Isolierung von Teilleistungsschwächen und eine
Förderung von isolierten Entwicklungsbereichen Kinder in ihrer in-
trinsischen Motivation daran hindert, mit Freude und Spaß an ihrer
Ent-Wicklung mitzuarbeiten.

zu 17) Bedürfnisse und Interessen werden zum Ausgangspunkt einer
kindorientierten Pädagogik erklärt, mit dem Ziel, Kindern das berechtigte Gefühl zu vermitteln, daß sie ernst genommen werden.
Nicht die Übermacht der Erwachsenen steht im Vordergrund, sondern vielmehr das Kind mit seinen (!) Wünschen und Motivationen.

zu 18) Lebenssituationen als Basiswert einer kindorientierten
Pädagogik richten sich auf Realitäten, die damit eine Pseudo-Pädago-
gisierung außer Kraft setzen wollen. Lebenssituationen sind geprägt
von einer zunehmend kommerziellen Kinderkultur, einer verkabelten
und immer mächtiger werdenden Medienlandschaft, einem Spiel-
zeugmarkt, der kaum noch in all seinen Ausprägungen zu begreifen
ist, und einer Verplanung von Zeiten, in denen Kinder sich mit ihren
Gefühlen immer schwerer zurechtfinden. Lebenssituationen zu
berücksichtigen heißt daher, diese neuen Realitäten mit in die Kinder-

gartenpädagogik aufzunehmen, um mit Kindern nach Möglichkeiten zu suchen, *ihre* Welt zu verstehen, sich abzugrenzen oder Lebensschwerpunkte zu finden, die ihnen Sicherheiten vermitteln. Genau das will der „Situationsorientierte Ansatz" in der sozialpädagogischen Praxis in deutlicher Abgrenzung zum offenen Kindergarten, in deutlichem Abstand zur „Funktionspädagogik" und in einer deutlich anderen Schwerpunktbildung als der lebensbezogene Ansatz versuchen.

zu 19) Wenn jeweilige Altersstufen zu berücksichtigen sind, dann heißt das z.B., Entwicklungspsychologie und -pädagogik als eine Orientierungshilfe zu verstehen, die eine Entwicklungsbegleitung von Kindern mitbestimmt auf der Grundlage entwicklungspsychologischer/-pädagogischer Erkenntnisse. Kinder brauchen *ihr* magisches Denken, ihre physiognomischen Weltbilder und ihre aus ihrem Alter heraus tauglichen Versuche, die Welt durch Versuch und Irrtum zu erfahren.

Auseinandersetzung mit dem Berufsbild verlangt von Erzieherinnen, Konfrontationen mit theoretischen Aussagen und praktischen Erfahrungen als eine Bereicherung zu erleben, um letztlich Zusammenhänge herzustellen. Erzieherinnen sind aufgefordert, sich mit ihrer Berufsrolle und ihrem Rollenverständnis auseinanderzusetzen, um Identität und Professionalität in ihrer *Person* zu integrieren, damit aus pädagogischen Verhältnissen zu Kindern wieder beziehungsreiche, lebendige und neugierige Menschorientierungen werden (können). Identitätskrisen im Beruf können sehr hilfreich sein, sich im Beruf *neu* zu orientieren, Grundwerte zu hinterfragen und neue Haltungen aufzubauen, alte Muster zu verlassen und neue Freiheiten zu entdecken.

„Wenn wir die Muster nicht gelegentlich
ändern, werden sie zu Fallen und Fesseln –
Rollen, die wir spielen,
für uns selbst und für andere.
Wir müssen angenommene Rollen auch wieder
distanzieren können,
um wieder Selbst sein zu können."
(Stipsits 1988, S. 12).

Auseinandersetzung mit dem Berufsfeld heißt letztlich, Fort- und Weiterbildung als eine Chance zu begreifen, die dazu beiträgt, Person und Fachfrau zu verbinden, um den Anspruch einer ganzheitlichen Personorientierung selber zu erfahren. Fort- und Weiterbildung als ein fester Bestandteil der Berufstätigkeit ist am besten dazu geeignet, mit Abstand die geleistete Arbeit zu überdenken und Handlungsentwürfe vorzunehmen, die dann zur „neuen" Praxis werden können. Gleichzeitig beinhaltet die Auseinandersetzung mit dem Berufsfeld aber auch, sorgsam mit Lehrkräften aus Ausbildungsstätten in Kontakt zu treten, um von der Basis her Ausbildungsbedingungen anzumahnen, die wirklich dazu geeignet sind, auf eine sich wandelnde Praxis vorzubereiten und Praxisschocks – wie wir es von Lehrkräften her kennen – zu vermeiden.

f) Literaturhinweise

Bundesvereinigung Evangelischer Kindertagesstätten (Hrsg.): Zur Diskussion – Beruf: Erzieherin. Veränderungen im Berufsfeld und Berufsbild der Erzieherin im Kindertagesstättenbereich in den 90er Jahren. Positionspapier I. Stuttgart 1992.

Fischer, Helga: Der Erzieher im Berufsalltag. Erwartungen, Widerstände, Fragen. e+s Mitteilungen 1991.

Fischer, Helga: Berufliche Identitätsentwicklung der Erzieher. In: Theorie und Praxis der Sozialpädagogik, TPS, Heft 1/1982.

Grasedieck, Christa: ErzieherInnen – was sie wollen und was sie sollen. In: Kinderzeit, Heft 4/1991.

Kettner, Anne: Erzieher sein – eine Gratwanderung zwischen Anspruch und Wirklichkeit. In: kindergarten heute. Heft 4/1986.

Kleiber, Dieter und Rommelspacher, Birgit (Hrsg.): Die Zukunft des Helfens. Neue Wege und Aufgaben psychosozialer Praxis. Beltz Verlag, Weinheim 1986.

Krenz, Armin: Auffällige Kinder – Selbsterfahrung des Erziehers statt Methodensuche. In: kindergarten heute, Heft 2/1983.

Krenz, Armin: Zerreißproben für Erzieherinnen – Zwischen Rotstiftpolitik und Reformansprüchen. In: Theorie und Praxis der Sozialpädagogik, TPS, Heft 2/1984.

Krenz, Armin: Möglichkeiten und Chancen der Teamarbeit. In: Schüttler-Janikulla (Hrsg.): Handbuch für Erzieher in Krippe, Kindergarten, Vorschule und Hort. mvg, Landsberg 5. Nachlieferung 1984.

Krenz, Armin: Schule und/oder Erwachsenenbildung – Erwachsenenbildung in der Schule: (k)ein Widerspruch? In: Informationsdienst für Dozenten an sozialpädagogischen Ausbildungsstätten. Heft 2,3/1984.

Krenz, Armin: Mit Gefühl leben – Mit Gefühl arbeiten. In: Wehrfritz Wissenschaftlicher Dienst – Wissenschaft und Praxis im Dialog. Heft 31/1985.

Krenz, Armin: Personale und fachliche Kompetenz von Erzieherinnen. Gedanken, Gründe und Hintergründe im Hinblick auf die berufliche Praxis im Kindergarten. In: Schüttler-Janikulla, K. (Hrsg.): Handbuch für Erzieher in Krippe, Kindergarten, Vorschule und Hort. mvg, Landsberg 10. Nachlieferung 1986.

Krenz, Armin: Handlungskompetenz Freiheit – ein (un)berücksichtigtes Element in der Ausbildung von Helfern. In: Informationsblätter der ,Gesellschaft für wissenschaftliche Gesprächspsychotherapie, GwG', Heft 65/1986.

Krenz, Armin: Elementarpädagogik – Erziehung an Kindern oder Leben und Lernen mit Kindern? In: Wehrfritz Wissenschaftlicher Dienst, WWD. Heft 37/1987.

Krenz, Armin: Konflikte und Probleme in (sozial)pädagogischen Einrichtungen. Anmerkungen zur Konfliktbewältigung auf der Grundlage organisationspsychologischer Gedanken. In: Schüttler-Janikulla, K. (Hrsg.): Handbuch für Erzieher in Krippe, Kindergarten, Vorschule und Hort. mvg, Landsberg, 19. Nachlieferung 1989.

Krenz, Armin: Die Wahrheit des Ganzen wird durch die Wahrheit der Details getragen. Oder: Kindergartenpädagogik im Spannungsfeld inhaltsleerer Aussagen, kindermißachtender Rahmenbedingungen und fehlender Grundsatzdiskussion auf breiter Basis. In: Wehrfritz Wissenschaftlicher Dienst – Wissenschaft und Praxis im Dialog. Heft 44–45/1990.

Krenz, Armin: Erzieherinnen als Interessenvertreterinnen für Kinder!? In: kindergarten heute, Heft 6/1990.

Krenz, Armin: Erzieherinnen als Medium der Veränderung von Praxis – eine kritische Bestandsaufnahme und notwendige Konsequenzen. In: Schüttler-Janikulla, K. (Hrsg.): Handbuch für Erzieher in Krippe, Kindergarten, Vorschule und Hort. mvg, 24. Nachlieferung 1990.

Krenz, Armin: Der eigenständige Erziehungs- und Bildungsauftrag des Kindergartens im ,Situationsorientierten Ansatz'. In: kindergarten heute, Heft 6/1991.

Krenz, Armin: Das Kindertagesstätten- und Pflegegesetz – ein Gesetz zur Herstellung qualitativer Eckwerte für die Arbeit mit Kindern. In: Schüttler-Janikulla, K. (Hrsg.): Handbuch für Erzieher in Krippe, Kindergarten, Vorschule und Hort. mvg, 3. Nachlieferung der Neuausgabe 1991

Krenz, Armin: Was Kinder brauchen (2) … und Erwachsene ihnen schuldig bleiben. In: Theorie und Praxis der Sozialpädagogik, TPS, 6/1992.

Krenz, Armin: Gibt es Gewalt in Kindergärten? Eine Frage zu einem unbequemen Thema. In: kindergarten heute, Heft 6/1992.

Krenz, Armin: Kinder sind springlebendig, neugierig und voller Interessen; sie haben ein Recht auf eine aktive Entwicklungsbegleitung. In: Ki-Ta-info. Senatsverwaltung für Jugend und Familie, Heft 4/1992.

Krenz, Armin: Wenn Kinderseelen Trauer tragen, oder: Kinder haben vertraglich verbriefte Rechte. Ein Plädoyer für eine real-kindorientierte Entwicklungsbegleitung. In: Wehrfritz Wissenschaftlicher Dienst, WWD – Wissenschaft und Praxis im Dialog, Heft 54/1993.

Krenz, Armin: Erarbeitung einer Einrichtungskonzeption – eine Entscheidung, die sich immer lohnt. In: kindergarten heute, Heft 3/1993.

Krenz, Armin: Berufseid für Erzieherinnen? In: kinderleicht, Heft 1/1993.

Krenz, Armin: Unzufriedenheit und neue Belastungen von Erzieherinnen in schleswig-holsteinischen Kindergärten. Ergebnisse und Hintergründe eier breitangelegten Befragung. In: Unsere Jugend – Die Zeitschrift für Studium und Praxis der Sozialpädagogik. Heft 5/1993.

Krenz, Armin: Aktuelle Anforderungen an Leiter/Innen von Tageseinrichtungen für Kinder. Konsequenzen aus Ergebnissen einer ErzieherInnenbefragung. In: KiTa Nd – Kindertageseinrichtungen aktuell, Heft 1/1993.

Krenz, Armin: Das Selbstverständnis von Erzieherinnen. In: kindergarten heute, Heft 10/1993.

Kossopalow, Line: Ausbildung pädagogischer Kompetenz des Erziehers unter persönlichkeitsorientiertem Aspekt. In: Sozialpädagogische Blätter, Heft 2/1978.

Krohs, Erdmute: Ausbildung: weg von grauer Theorie. In: Kinderzeit, Heft 4/1991.

Krohs, Erdmute: Erzieherin – ,nur' ein Frauenberuf? In: Kinderzeit, Heft 2/1990.

Krone, Wolfgang: Zur Erziehung des Erziehers. Behaviorismus – Psychoanalyse – Humanistische Psychologie. Eine Untersuchung zur Erziehung des Erziehers und zum Verhältnis von Beziehung und Erziehung. Frankfurt – Bern – New York 1988.

Mehringer, Andreas: Erzieher sein heute. Zur Psychohygiene des Erziehers. In: Unsere Jugend – Die Zeitschrift für Studium und Praxis der Sozialpädagogik, Heft 5/1982.

Mühlum, Albert und Kemper, Eike: Sozialarbeit – Kompetenz statt Omnipotenz. In: Brennpunkte Sozialer Arbeit. Frankfurt 1988.

Nagel, Bernhard: Den ErzieherInnen-Beruf attraktiver machen. In: Kinderzeit, Heft 2/1991.

Rauchfleisch, Udo: Psychologische Probleme der ,helfenden' Berufe. In: Wege zum Menschen, Heft 2–3/1983.

Roßrucker, Karl: Arbeitsunzufriedenheit und ihre Folgen in helfenden Berufen. Frankfurt – Bern – New York 1990.

Weiss, Aline: Ketzerische Gedanken zum weiblichsten aller Berufe. In: Theorie und Praxis der Sozialpädagogik, TPS, Heft 1/1982.

Wichert, Helga: Ich bin ich – wie schwer es war, das als Erzieherin zu lernen. In: Theorie und Praxis der Sozialpädagogik, TPS, Heft 1/1982.

3. Supervision im Kindergarten

Immer wieder fällt im Zusammenhang mit der Thematik „*Professionalisierung und Identität im Beruf*" das Wort SUPERVISION, das inzwischen aus vielen (sozial-)pädagogischen Einrichtungen gar nicht mehr wegzudenken ist. Gleichzeitig zeigen Erfahrungen aus der Praxis, daß ebenso häufig wie es benutzt wird, so oft auch unterschiedliche Auffassungen, Erwartungen, Beurteilungen und Vorstellungen zum Ablauf von Supervisionstreffen bestehen. Darüber hinaus scheint der Begriff Supervision aber auch ein Zauberwort für Mitarbeiterinnen in sozial-pädagogischen Arbeitsfeldern zu sein, weil „nur durch sie" langandauernde Konflikte endlich angesprochen und offene Grundsatzfragen beantwortet werden können – so die Vorstellung einiger Mitarbeiterinnen.

Sicherlich sind die ungenauen, wenig differenzierten und bizarren Vorstellungen von Supervision vor allem im elementarpädagogischen Arbeitsbereich darin begründet, daß Supervisionen schon eine lange Zeit in Deutschland in Einrichtungen Einzug gehalten haben, die eher im psychotherapeutischen, pflegerischen oder medizinischen Arbeitsfeld zu finden waren bzw. zu finden sind. In der Kindergartenpädagogik und in der Hortarbeit ist Supervision im Verhältnis zu den o.g. Arbeitsfeldern noch eher seltener zu finden, doch zeichnen sich auch hier – wie in der Heimpädagogik – Einstellungsveränderungen ab. Schaut man einmal in die Geschichte der Pädagogik, dann wurde und wird immer schon die Selbstreflexion der pädagogischen Fachkräfte gefordert, weil es undenkbar erschien, Entwicklungsbegleitung von Kindern auf der Grundlage einer guten Kommunikationsstruktur in der Einrichtung *ohne* „Besinnung und Hinterfragung" zu realisieren.

Der Begriff Supervision kommt aus dem angloamerikanischen Sprachraum. In seiner engen Übersetzung bedeutet das soviel wie Aufsicht, Überwachung, Kontrolle oder Leitung. In einer etwas gröberen Übersetzung wird der Begriff Supervision aus der lateinischen Sprache abgeleitet. Hier stehen die Worte super (= darüber, oben) und videre (= sehen) Pate, obgleich im strengeren Sinne dieses Begriffsverständnis nicht grundsätzlich bei den Supervisoren(innen) akzeptiert ist. Unabhängig davon besteht bei vielen Supervisor(innen) Einigkeit darüber, was ihre Arbeit leisten soll:

a) Grundsätze

1. Supervision nimmt vergangene und aktuelle Probleme der Praxis auf und ist somit keine theoriebeladene Fortbildung.
2. Supervision bezieht sich sowohl auf intrapersonale Konflikte einzelner Mitarbeiterinnen, soziodynamische Strukturen unter den Mitarbeiterinnen, Arbeitsstrukturen in der Einrichtung, organisatorische Besonderheiten der Institution und auf eine Reflexion des gesamten Wertesystems, das die Identität der betreffenden Einrichtung auszeichnet.
3. Supervision versucht, Ursachen von Problemen und Widersprüchen in Erfahrung zu bringen, um die Mitarbeiterinnen in ihrem Wunsch zu unterstützen, diese fachkompetent zu lösen.
4. Die Personen, die an der Supervision teilnehmen, machen sich während der Arbeit selber zum Thema der Reflexionsarbeit und gehen damit zu Recht das Wagnis ein, bisher unbekannte Merkmale ihrer Person zu bearbeiten.
5. In der Supervisionsarbeit werden alle Ereignisse beruflicher und dienstlich-persönlicher Art berücksichtigt, die sowohl zur Entstehung von Konflikten als auch zu ihrer Aufrechterhaltung beitragen, sofern diese von den Supervisanden geäußert werden.
6. Supervision ist damit eine wesentliche Form der fachlichen Fortbildung mit dem Praxismaterial vor Ort, der persönlichen Auseinandersetzung mit sich selbst und der Beziehungsklärung mit den Mitarbeiterinnen auf der Grundlage einer sinnverbundenen Problembetrachtung.
7. Supervision stellt damit eine strukturierte Kontrolle der geleisteten Arbeit dar, um neue Handlungsimpulse zu entwerfen.
8. Supervision geschieht in einem angstfreien und geschützten Raum, damit Handlungsentwürfe durchdacht und persönliche Fragen in der Form erörtert werden können, daß es um ein Suchen und Ausprobieren geht.
9. Alles, was sich im Berufsalltag der pädagogischen Mitarbeiterinnen abspielt, kann zum Gegenstand der Supervision erklärt werden. Gerade heiße Themen, die sonst in der Praxis häufig ausgespart werden, finden in den Supervisionssitzungen Platz zur Reflexion.
10. Supervision fördert ein persönliches und fachliches Wachstum der einzelnen Mitarbeiterinnen und des Teams, wenn (!) alle beteiligten Personen mit Offenheit und Neugierde am Supervisionsprozeß mitarbeiten.

Folgende Graphik verdeutlicht noch einmal die fünf Arbeitsebenen:

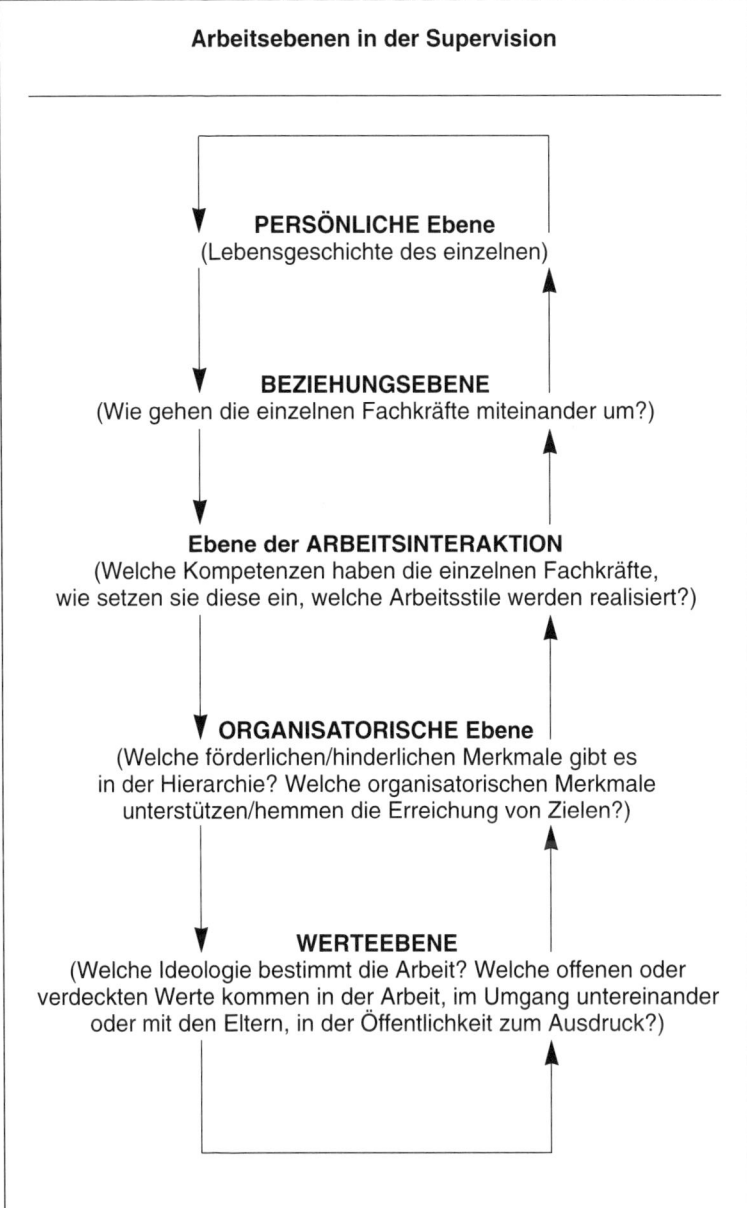

Arbeitsebenen in der Supervision

PERSÖNLICHE Ebene
(Lebensgeschichte des einzelnen)

BEZIEHUNGSEBENE
(Wie gehen die einzelnen Fachkräfte miteinander um?)

Ebene der ARBEITSINTERAKTION
(Welche Kompetenzen haben die einzelnen Fachkräfte,
wie setzen sie diese ein, welche Arbeitsstile werden realisiert?)

ORGANISATORISCHE Ebene
(Welche förderlichen/hinderlichen Merkmale gibt es
in der Hierarchie? Welche organisatorischen Merkmale
unterstützen/hemmen die Erreichung von Zielen?)

WERTEEBENE
(Welche Ideologie bestimmt die Arbeit? Welche offenen oder
verdeckten Werte kommen in der Arbeit, im Umgang untereinander
oder mit den Eltern, in der Öffentlichkeit zum Ausdruck?)

Gleichzeitig kann aus der vorherigen Nennung der Ziele, was eine supervidierende Arbeit leisten will, auch abgeleitet werden, was sie *nicht* erbringen soll bzw. kann:

1. Supervision ist *keine* Selbstdarstellung des Supervisors, der für das Wohlbefinden und die Arbeitsthemen der Gruppe zuständig ist. Die Themen bestimmt die Gruppe, und wenn das Klima in einer Supervisionssitzung gedrückt oder angespannt ist, dann wird es darum gehen, die Hintergründe zu erforschen und zu bearbeiten.
2. Supervision versucht *nicht*, einzelne ‚Schuldige‘ für ein Problem zu finden, wodurch Sinnzusammenhänge außer acht gelassen werden würden, oder in den Kategorien von gut und böse zu arbeiten.
3. Nicht der Supervisor wird die Problemlösungen nennen. Seine Lösungsversuche würden sich immer auf eigene, subjektive Wertmaßstäbe beziehen und damit das grundsätzliche Lösungsvermögen der Gruppe unberücksichtigt lassen. Hier vollzieht sich dasselbe wie bei der Erarbeitung einer Konzeption: *nicht* einzelne Mitarbeiterinnen oder Vorgesetzte schreiben die Eckwerte der pädagogischen Arbeit vor, sondern alle in der Praxis beteiligten Personen entwerfen *ihre* eigenen Schwerpunkte.
4. Supervision ist zwar Selbsterfahrung, ersetzt aber *keine* individual- oder Gruppentherapie. Therapeutische und supervidierende Sitzungen weisen wesentliche Unterschiede zueinander auf und dürfen daher in **der Praxis** nicht miteinander vermischt werden.
5. Supervision versucht *nicht*, offensichtliche Auslöser für ein Problem zum Hauptgegenstand der Reflexion zu erklären, sondern versucht Hintergründe zu finden, die häufig Auslöser als Stellvertreter aufbauen (Hintergründe als *Ursachen*, Auslöser als Folgen).
6. Supervision bezieht sich *nicht* auf theoretische Facherarbeitungen, die mit der Praxis wenig zu tun haben, sondern greift die Themen auf, die zur Zeit praxisbedeutsam sind.
7. Supervision ist *keine* leichte Arbeit, bei der grundsätzlich alte Strukturen unberücksichtigt oder unangetastet bleiben. Manches Mal ist es notwendig, wenn sich die Mitarbeiterinnen dazu entschließen, sich auch von sogenannten alten Zöpfen zu lösen.
8. Supervision ist *keine* bohrende Fragetechnik, bei der einzelne Mitarbeiterinnen in eine bestimmte Ecke gedrückt werden. Sie ist auch *keine* therapeutische Methode, Feuer zu legen und abzuwarten, wie sich der Brand entwickelt. Vielmehr bleibt die persönliche Freiheit jederzeit gewahrt und die Selbstbestimmung unangetastet.
9. Supervision versteht sich *nicht* als eine Bewahrerin von Harmonie, bei der das Wohlbefinden an erster Stelle steht. Sie analysiert, läßt Stellung beziehen und deckt auf, und dies aus dem Verständnis

heraus, daß dadurch die Selbstheilungskräfte der Gruppe neu aktiviert werden.

10. Supervision ist schließlich *keine* Ein-Weg-Kommunikation zwischen dem Supervisor/der Supervisorin und einzelnen Teilnehmerinnen, sondern versucht, alle Anwesenden gleichmäßig zu beteiligen.

11. Supervision basiert *nicht* auf dem Grundverständnis, eine Feuerwehrfunktion zu übernehmen, bei der ein brennendes Haus mit fremder Hilfe kurzfristig gelöscht wird und die Aktion dann beendet ist. Vielmehr ist Supervision immer auf eine Mittel- bzw. Langfristigkeit ausgelegt, bei der alle Mitarbeiterinnen die Zeit nutzen können, qualitative Erörterungen vorzunehmen.

12. Supervision ist *keine* reine Denkfabrik, in der Handlungsstrategien von A bis Z durchleuchtet werden. Vielmehr geht es auch um ein emotionales Erleben (!) gesprochener Worte, so daß kognitive, handlungsorientierte *und* emotionale Aspekte ihre Berücksichtigung finden.

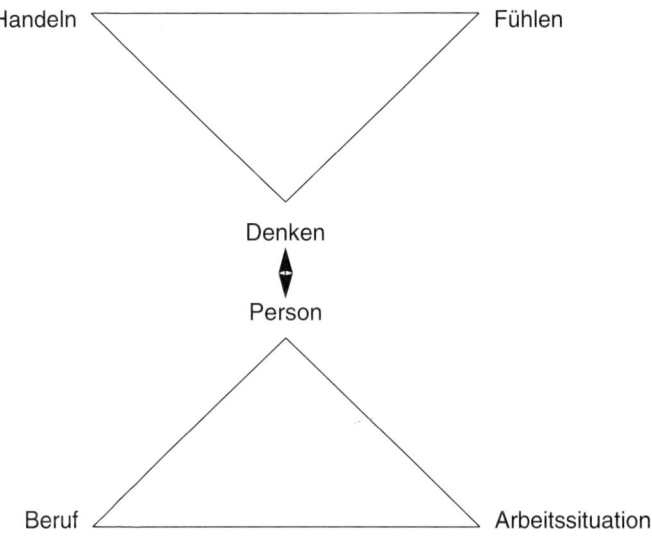

115

b) Supervisionsformen

Haben sich die Mitarbeiterinnen in sorgfältiger Abwägung der Argumente *für* eine supervidierende Arbeit entschlossen, so geht es im nächsten Schritt darum, sich zu entscheiden, welche Form der Supervision in Frage kommt.

● Teamsupervision
Diese wohl am häufigsten in der Praxis anzutreffende Supervisionsform wird dann wahrgenommen, wenn *alle* (!) Mitarbeiterinnen *einer* Institution an einer gemeinsamen Supervisionsarbeit teilnehmen wollen. Sofern dies möglich ist, sind auch die Mitarbeiterinnen des technischen Personals miteinzubeziehen. Dies geschieht auf der Grundlage, die gesamte Einrichtung mit allen Angestellten als ein eng verknüpftes System anzusehen, das aufgrund seiner Verflochtenheit auch nur als Ganzes Probleme aufdecken und lösen kann. Supervision gründet sich u.a. darauf, daß miteinander und nicht übereinander gesprochen wird. Praktisch ist also vorstellbar, daß ein Konflikt z.b. zwischen einer pädagogischen Mitarbeiterin und einer Person aus dem technischen Bereich (Küche, Fahrdienst, Hausmeisterei) besteht. Es wäre sicherlich zum Schaden einer offenen Arbeitsatmosphäre, wenn Teilgruppen der Einrichtung die Erfahrung machen müßten, daß in ihrer Abwesenheit *über* sie gesprochen werden würde. Dabei käme es sicherlich zu Mißtrauen und Vorurteilen, und Außenstehende würden zu Recht mit Sorge das Ende einer Supervision erwarten, in dem Druck, anschließend stände eine Problemklärung auf der Tagesordnung.
   In der Teamsupervision stehen dabei folgende Schwerpunkte im Mittelpunkt:
– Kooperationsformen und -strukturen im Team;
– latente, offene oder verdeckte Konflikte;
– Faktoren der Beeinträchtigung der Arbeitsqualität;
– Belastungen durch bestimmte organisatorische Bedingungen;
– Spannungsfaktoren in der Praxis;
– fachliche Anforderungen und Lösungsmöglichkeiten.

● Gruppensupervision
Sollten sich die Mitarbeiterinnen einer Einrichtung – aus welchen Gründen auch immer – nicht entscheiden können, gemeinsam an einer Supervision teilzunehmen, haben einzelne die Möglichkeit, sich mit anderen Mitarbeiterinnen aus *anderen* vergleichbaren Institutionen zu treffen und eine supervidierende Arbeit zu beginnen. In der Regel treffen sich dann pädagogische Mitarbeiterinnen, die z.b. den-

selben Beruf (Erzieherinnen; Diplom-Sozialpädagoginnen; Kinder-
pflegerinnen) oder dieselbe Rolle (Leiterinnen von sozialpädagogischen Einrichtungen; Gruppenleiterinnen; pädagogische Hilfskräfte)
haben, aber eben in unterschiedlichen Einrichtungen tätig sind. Ihr
gemeinsames Interesse besteht häufig darin, gleiche oder ähnliche
Praxisprobleme zu lösen. Da Supervision ein Prozeß des offenen Mit-
einander-Umgehens ist, treffen Mitarbeiterinnen besonders dann die
Entscheidung für eine Gruppensupervision – in bewußter Abgrenzung zur Teamsupervision –, wenn die Arbeitsstrukturen in der eigenen Einrichtung sehr verfahren sind und eine auch nur annähernd offene Kommunikation nicht möglich erscheint. Andererseits ist die
Gruppensupervision für die Mitarbeiterinnen hilfreich, die einerseits
in Einrichtungen arbeiten, wo eine Teamsupervision nicht von allen
mitgetragen wird, andererseits sie selber aber den Wunsch haben, ihre
Tätigkeit bzw. ihr Rollenverhalten unter Supervision zu reflektieren.

● Einzelsupervision
Hier kommt es zu einer Zweierbeziehung zwischen dem Supervisor
und *einem* Supervisanden, der mit Hilfe des Supervisors die Ursachen
und Auslöser seiner erlebten Problemfelder reflektiert, um alternative
Problemlösungsmöglichkeiten zu entdecken und für die Praxis zu
strukturieren. Aufgrund der engen Beziehungsarbeit bleibt es speziell
bei dieser Supervisionsform nicht immer aus, daß deutliche Selbster-
fahrungselemente und einzeltherapeutische Aspekte mit in die Arbeit
einfließen. Einzelsupervision ist sicherlich eine der effektivsten
Selbsterfahrungsmöglichkeiten für arbeitsmotivierte und persönlich-
keitsentwicklungsfreudige Supervisanden.

● Projektbezogene Supervision
Dort, wo Mitarbeiterinnen verschiedener Einrichtungen ihre Arbeit
umgestellt und mit neuen Tätigkeitsschwerpunkten versehen haben,
besteht der Wunsch, sich mit anderen Fachfrauen zu treffen, um Er-
fahrungen, Eindrücke und Erlebnisse zur Praxisveränderung unter
Supervision auszutauschen. Als Beispiele können hier genannt wer-
den:
– Von der Funktionspädagogik zum „Situationsorientierten An-
  satz";
– Von der Regeleinrichtung zum „Integrativen Kindergarten";
– Neue Zielperspektiven bei einer veränderten Trägerschaft;
– Vom klassischen Kindergarten zum „altersgemischten Kinder-
  haus" für Kinder von 1–12 Jahren;
– Veränderte Öffentlichkeitsarbeit der Kindergärten in der Region
  ...

In allen Formen der Supervision gibt es – trotz unterschiedlicher Schwerpunkte – eine grundsätzliche Gemeinsamkeit, die hier in Form eines Vergleiches bildlich vorgestellt werden soll: wie in einem Theater befinden sich die konfliktreichen Situationen oder undurchsichtigen, unbekannten oder bekannten Konfliktauslöser und -ursachen auf der Bühne des Geschehens. Die Supervisanden sind – wie in der Praxis – die Schauspieler, die gleichfalls Person und Rollenträger sind und die Probleme, Ereignisse und Geschehnisse durch ihr Verhalten mitinszenieren – ob gewollt oder ungewollt, soll an dieser Stelle nicht untersucht werden. Der Supervisor ist dabei zunächst der Regisseur, der die Schauspieler dabei unterstützt, die Scheinwerfer (= die Blickrichtung) auf bestimmte Szenenbilder vor, auf oder hinter der Bühne zu richten, um mit einer spezifischen Ausrichtung des Lichts auf das Geschehen zu gucken. Gleichzeitig liegen große Lupen oder Teleobjektive bereit, um in der Vergrößerung bzw. ganz aus der Nähe das Unmittelbare zu betrachten. Nach und nach wird der Regisseur seine Funktion immer weiter abgeben, um die Schauspieler ihre Regisseuranteile nutzen zu lassen.

c) Themen während der Supervision

Kernstück supervidierender Arbeit ist einerseits der Aspekt der persönlichen, selbstreflektierenden Analyse eigener Verhaltensweisen und der Schwerpunkt der Beziehungsebene, andererseits die Sachebene, auf der *alle* Themen aus dem Arbeitsfeld angesprochen werden können. Wichtig ist dabei vor allem, daß Supervisanden ihre persönlichen Themen einbringen und damit das Arbeitsmaterial stellen. Supervision lebt aus den aktuellen Themen vor Ort, die die Supervisanden weitaus besser kennen als der Supervisor. Manchmal fällt es schwer, Themen beim Namen zu nennen, und es werden Argumente gedacht oder geäußert, die aber letztendlich zur Konstanz des status quo dienen:

Ein paar Beispiele:

„Wenn ich das sage, was ich denke, kann ich einpacken."

„Wenn ich die Beispiele hier auf den Tisch lege, werden mich bestimmt die anderen nachher dafür zur Rechenschaft ziehen."

„Wenn ich hier auspacke, dann fliegen die Fetzen."

„Wenn ich zum großen Wurf aushole, machen mich unter Garantie die anderen für die Verschlechterung der Atmosphäre verantwortlich."

„Sollen sich doch die anderen ihren Mund verbrennen – ich halte mich da raus."

„Bestimmt können die anderen das Problem viel besser formulieren als ich. Sollen die doch erstmal ‚ran, bevor ich was sage.“
...

Bedenklich würde es für die Supervisanden sicherlich dann werden, wenn sie selber mit den eigentlichen, belastenden Themen Zurückhaltung üben und dafür sorgen, daß Supervision träge und schleppend abläuft. Vielleicht kommt es dann sogar zum Abbruch, „weil die Supervision nichts bringt“. In diesem Fall ist es aber fast immer so, daß Randthemen zum Hauptthema erklärt werden und auch Supervisoren kaum eine Chance erhalten, Problemkerne in Erfahrung zu bringen. Wie treffend hat es einmal R. Laing formuliert:

„Sie spielen ein Spiel.
Sie spielen damit, kein Spiel zu spielen.
Zeige ich ihnen, daß ich sehe,
daß sie ein Spiel spielen,
werden sie mich bestrafen.
Ich bin gezwungen,
ihr Spiel nicht zu sehen,
zu spielen.“
(Knoten, 1971)

Die Praxis der Supervision bringt häufig folgende mögliche Themen unter dem Aspekt der Beziehungsebene zur Sprache:
● Beziehung zu einzelnen Kolleginnen;
● Beziehung zur gesamten Mitarbeiterinnengruppe;
● Beziehung zur Leiterin;
● Beziehung zum Supervisor;
● Stellung und Rolle der Mitarbeiterinnen in der Gruppe;
● Beziehungen zu (bestimmten) Kindern und (bestimmten) Eltern;
● Beziehung zu den externen Kolleginnen in der Gruppe.

Mögliche Themen unter dem Aspekt der persönlichen, selbstreflektierenden Analyse von eigenen Verhaltensweisen und Merkmalen sind:
● Bestandsaufnahme der eigenen Stärken;
● Reflexion der eigenen Schwächen und ihrer Hintergründe;
● Anteile des ‚blinden Flecks‘ (s. Johari-Fenster) und seine Bedeutung für den Umgang mit sich selbst (welche Lebenspläne bestimmen die Lebens- und Berufsgestaltung?);
● eigenes Konfliktverhalten und eigene Konfliktlösemuster;
● Selbstverständnis der pädagogischen Tätigkeit;
● eigene Kommunikationsfähigkeiten und -fertigkeiten;

- Wahrnehmungsoffenheit, Wahrnehmungsmuster und bestimmende Alltagstheorien.

Mögliche Themen unter dem Aspekt der Arbeitsinteraktion:
- Wie funktionieren getroffene Arbeitsabsprachen?
- Wer ist – offen oder verdeckt – die ‚Macherin‘ in der Einrichtung?
- Wer erhält – offen oder verdeckt – die Schuld dafür, wenn Vorhaben danebengegangen sind?
- Wer spricht mit wem und wer geht wem aus dem Weg?
- Gibt es Personen, die bei Arbeitsvorhaben häufig um Rat gefragt werden, bzw. gibt es Personen, deren Rat häufig unberücksichtigt bleibt?
- Wer gibt die Impulse für fachliche Auseinandersetzungen, wer nicht?
- Wer wird wie in der Arbeitsgruppe durch wen geschützt, wenn es um Auseinandersetzungen geht?
- Wer gibt sich wenig / gar nicht in Fachdiskussionen ein und hält sich bei Auseinandersetzungen grundsätzlich zurück?

Mögliche Themen unter dem Aspekt organisatorischer Fragen:
- Welche Arbeitsbedingungen sind hinderlich bei der Umsetzung erarbeiteter Ziele?
- Hierarchie in den Gruppen und der Gesamteinrichtung: ist sie beabsichtigt, gewünscht, notwendig?
- Gibt es organisatorische Tabus?
- Welche organisatorischen Stützen für Unzufriedenheiten und Ärgernisse sind vorhanden?
- Wie ist das Verhältnis von Aufsichtspflicht und dem Erziehungsauftrag der Einrichtung, Kinder in ihrer Selbständigkeit zu unterstützen?
- Welche organisatorischen Abläufe können/müssen vereinfacht werden?

Mögliche Themen unter dem Aspekt bestehender Werte und Normen:
- Welche Werte bestimmen die inhaltliche Arbeit?
- Welche Normen bestehen in der Einrichtung auf den Ebenen Umgangs-, Sprach- und Lebenskultur?
- Wird Abneigung, Frust, Ärger und Wut thematisiert?
- Welche heimlichen Ziele bestimmen die inhaltliche Arbeit?
- Welche Sanktionen werden in der Einrichtung als ‚Bestrafung‘ für abweichendes Verhalten realisiert? Werden sie heimlich oder offen, klar oder unklar ausgedrückt?

- Wie wird mit ungewöhnlichen Erneuerungsvorschlägen umgegangen?
- Welche neuen Methoden wurden in der letzten Zeit in die berufliche Arbeit integriert?
- Gibt es bestimmte (!) Fortbildungswünsche und -angebote, die nahezu ausschließlich geäußert, genehmigt, wahrgenommen werden?
- Welches öffentliche Profil hat die Einrichtung und wer trägt was dazu bei?

Selbstverständlich wird dabei in der Supervision nicht nur das bestimmte Thema behandelt und isoliert aufgegriffen, sondern im Zusammenhang mit sinnverbundenen Themen verknüpft. Aufspüren, Aufdecken und Aufgreifen von schlummernden oder offenen Konflikten auf allen Ebenen ist der rote Arbeitsfaden der Supervision; gleichsam aber auch das Herausarbeiten und Benennen vorhandener Kompetenzen. Nur so können ein differenziertes Problembewußtsein, eine hohe Transparenz in bezug auf System- und Organisationsprozesse, ein vertieftes Verständnis in eigene Handlungsmuster und in die eigene Berufssituation sowie ein Sensibelwerden für die wichtigen Themen unterstützt werden.

d) Rahmenbedingungen in der Supervision

Wie anfangs erwähnt, stellt Supervision kein einmaliges Treffen dar, bei dem punktuelle, teilisolierte Problemlösungen ‚geliefert' werden. Vielmehr ist sie durch feste Grundsätze gekennzeichnet, unter denen es erst zu einem prozeßorientierten Lernen kommen kann. Diese Grundsätze ergeben sich einerseits aus der Tatsache, daß Konfliktbearbeitungen nur unter bestimmten Voraussetzungen möglich sind. (Als ein Beispiel auf einer vergleichbaren Ebene sei hier die Unmöglichkeit erwähnt, bei einem Tür- und Angelgespräch mit Eltern ein ernstes Problem zu lösen: Zeitdruck, Ablenkungen und Störungen hindern die Kommunikationspartnerinnen dabei, sich mit Konzentration und Aufmerksamkeit auf ein tiefes Gespräch einzulassen.)

Andererseits sind die Rahmenbedingungen der Supervision auch die Konsequenz aus den Wünschen der Teilnehmerinnen:

- Erweiterung der persönlichen Kompetenz und der beruflichen Qualifikation;
- Verbesserung der Wahrnehmungsfähigkeiten;
- psychohygienische Entlastung von persönlich-beruflichen Belastungsmomenten auf dem Hintergrund arbeitsbelastender Konflikterfahrung;

● Bedürfnis nach Selbsterfahrung;
● Verbesserung des Arbeitsklimas durch eine größere Offenheit.

Welche Rahmenbedingungen sind nun im einzelnen zu beachten?

1. Gründliche Supervisionsarbeit kann auf beiden Seiten – von den Supervisanden und dem Supervisor – nur dann geleistet werden, wenn die Arbeitsabsprachen auf **Längerfristigkeit** ausgerichtet sind. So ist es üblich, daß Supervisionstreffen die Zeitspanne von einem bis zu zwei oder drei Jahren umfassen.

2. **Regelmäßige Treffen** garantieren einen Arbeitsprozeß, der sich kontinuierlich aufbaut und fortsetzt. In der Regel werden dabei folgende Arbeitsabsprachen getroffen:
   a) wöchentliche SV-Treffen à 90 Minuten;
   b) vierzehntägige Treffen à 90–120 Minuten;
   c) monatliche Treffen à 150 bis 240 Minuten.

3. Die Mitarbeiterinnen sollten sich **bewußt** für die Supervision **entschieden** haben, wobei der Erfolg supervidierender Arbeit von Anfang an in Frage gestellt ist, wenn auf einzelne Mitarbeiterinnen Druck ausgeübt wird und die Freiwilligkeit damit stark eingegrenzt ist.

4. Nur in einer **Atmosphäre des aktiven Suchens** ist es möglich, daß aufklärende, informierende und offene Kommunikation relativ ungebrochen fließen kann. Dialogbereitschaft und Erkenntnisinteresse gestalten sich dabei zum Motor kommunikativer Dialoge.

5. Außer bei der kollegialen Supervision, bei der die Gruppe selbst die supervidierende Arbeit gestaltet, ist es ansonsten grundsätzlich notwendig, daß **Supervisoren** sowohl fachkompetente als auch neutrale Personen sind. Gerade die Unabhängigkeit des Supervisors vom Träger und von der Einrichtung selbst ermöglicht es ihm, gedanklich frei bei der Supervisionsgruppe zu sein und jedwede Außeninteressen *nicht* in die Arbeit miteinfließen zu lassen. Supervisoren, die vom Träger(-verband) angestellt sind und gleichzeitig in Einrichtungen des Trägers/des Verbandes selbst Supervision durchführen wollen bzw. sollen, sind gezwungenermaßen in einem Interessenkonflikt zwischen Träger-/Verbandsloyalität und der fachlich geforderten Unabhängigkeit. Ein Beispiel soll dies verdeutlichen: Würde ein vom Träger/Verband festangestellter Supervisor durch seine Supervisionsarbeit erreichen, daß während seiner Arbeit die Mitarbeiterinnen deutlich ungünstige Rahmenbedingungen benennen und Sinnzusammenhänge zur eigenen berufli-

chen Unzufriedenheit herstellen, gleichzeitig eine Verbesserung fordern und damit an den Träger/den Verband herantreten, dann besteht durchaus die Möglichkeit, daß von seiten des Trägers/Verbandes restriktive Wünsche an den Supervisor herangetragen werden können. Entscheidend ist dabei *nicht*, ob es geschieht, sondern nur, ob es möglich sein *kann*! Da auch der Supervisor mit Sicherheit ein Interesse daran hat, seinen eigenen Arbeitsplatz nicht zu gefährden, stehen nun persönliche Interessenlagen und fachliche Anforderungen im Widerspruch.

6. Die Supervision sollte von der Leitung/dem Träger(verband) **akzeptiert** sein und **finanziert** werden.
   Anmerkung: Es gibt eine Reihe von Einrichtungen, die von ihrem Träger eine klare Absage zur finanziellen Unterstützung bzw. zur Durchführung von Supervision generell erhalten. Ohne die Hintergründe im einzelnen auf einer Vermutungsebene zu interpretieren, sei soviel angemerkt: Supervision als Teil von Fortbildung sollte ein fester Bestandteil der pädagogischen Arbeit sein. Was in der Behinderten- und Heimpädagogik zur täglichen Praxis gehört, gilt in gleichem Maße auch für die Arbeit in Kindergärten.

7. Es hat sich als günstig erwiesen, wenn die Supervisionstreffen immer an **demselben Ort** und in **demselben Raum** stattfinden. Entweder in dem Arbeitsraum des Supervisors – wegen der räumlichen Distanz von einer Einrichtung, die mit Belastungen für Teilnehmerinnen verknüpft ist – oder in einem festen Raum innerhalb der Einrichtung.

8. **Anfangszeiten** haben für alle Mitarbeiterinnen einen verpflichtenden Charakter. Günstig ist es, wenn zwischen Arbeitszeit und Supervisionstreffen ein Zeitzwischenraum liegt, damit die Mitarbeiterinnen kurz entspannen, letzte Regelungen für den nächsten Tag treffen oder notwendige Absprachen vornehmen können. Nichts ist für Supervisoren und interessierte, engagierte Supervisanden nervtötender, als wenn die Treffen mit Nebengesprächen und Flüstern beginnen.

9. Da Supervision ein **legitimierter Schutzraum** für alle ist, versteht es sich von selbst, daß **alle anwesenden Personen** – so auch der Supervisor – der **Schweigepflicht** unterliegen. *Alles*, was besprochen wird, bleibt symbolisch gesehen als Bühnenbild und Bühnenboden im Supervisionsraum stehen. Weder der Träger noch die Leitung – falls sie nicht zur Supervisionsgruppe gehören – haben ein Anrecht darauf, Inhalte oder abgelaufene Prozesse zu erfahren. Es sei denn,

es wird mit allen Beteiligten eine gemeinsame Vereinbarung darüber getroffen.

10. Es hat sich als besonders arbeitsförderlich gezeigt, daß eine Supervision dann für alle Supervisanden hilfreich ist, wenn **alle Themen, Konflikte und Erfahrungen nur während der Supervisionstreffen** behandelt und thematisiert und *nicht* außerhalb der Treffen ohne Beteiligung des Supervisors oder in Kleingruppen (Teamfraktionen) fortgesetzt werden. Ihre Bearbeitung ist Gegenstand der Supervision und damit ganz auf die Treffen konzentriert. Andererseits besteht leicht die Gefahr, daß viel von der Dynamik der Supervision verlorengeht und der supervidierenden Arbeit die notwendige Energie abgezogen wird.

11. Eine Selbstverständlichkeit besteht darin, daß zwischen einzelnen Mitarbeiterinnen und dem Supervisor **keine persönliche, freundschaftliche Beziehung bestehen darf.** Dies würde zu Vermutungen und Irritationen führen, die den Supervisionsprozeß hemmen bzw. unmöglich machen.

12. Grundsätzlich wird Supervision nur dann für Supervisanden hilfreich sein, wenn **Arbeitskonflikte als Beziehungsstörungen** verstanden und in einem entsprechenden Zusammenhang (= Kontext) aufgegriffen werden.

13. Zusätzliche **Extratreffen** zwischen einzelnen Supervisanden und dem Supervisor **sind ausgeschlossen**, damit alle Teilnehmerinnen dieselbe Informationsgrundlage haben.

14. Nichtteilnahme oder der **Wunsch einzelner**, aus der Supervisionsarbeit **auszusteigen**, wird nicht über Dritte in die Gruppe eingegeben, sondern erfolgt durch die Mitarbeiterin selbst **innerhalb des Supervisionstreffens.**

15. Supervision mit einem fachkompetenten Supervisor hat ihren **Preis.** Hier gilt es, nicht im Sinne begrenzter Denkvorstellungen sofort abzuwehren. Klare Preisvorstellungen und eine darüber hinaus schriftlich abgeschlossene Preisvereinbarung bringen auch in diesem Punkt von Anfang an das Maß an Deutlichkeit, das zum gesamten Qualitätsmerkmal der Supervisionsarbeit wird/werden soll.

16. Zu Beginn der gemeinsamen Supervisionsarbeit sollte immer eine **Probezeit** zwischen den Supervisanden und dem Supervisor festgelegt werden. Üblich sind drei bis fünf Sitzungen. Während dieser

ersten Supervisionstreffen können die Mitarbeiterinnen feststellen, ob die Beziehung zum Supervisor stimmig ist und die Erfahrungen mit den eigenen Vorstellungen eine volle oder teilweise Deckungsgleichheit aufweisen. Dasselbe gilt auch für den Supervisor.

17. Supervision weist zumindest in der Anfangsphase ein **Machtgefälle** auf zwischen dem Supervisor und den Supervisanden. Es ist hilfreich, dieses Machtgefälle qua Sachautorität und Position sowohl zu Beginn zu akzeptieren als auch dort zu hinterfragen (!), wo es um Rollenfixierungen geht.

18. Es ist immer günstig, wenn mehrere Supervisoren – also Männer und Frauen – sich in der Einrichtung den Mitarbeiterinnen vorstellen, damit aus der Auswahl eine **freie Entscheidung** für oder gegen bestimmte Supervisoren getroffen werden kann. Wo dies nicht möglich ist, wird die Probezeit entscheiden, inwieweit eine Fortsetzung der supervidierenden Arbeit gewünscht wird oder nicht.

19. Forschungsarbeiten zum Arbeitsfeld der Supervision haben gezeigt, daß es von Vorteil ist, wenn Supervisoren folgende Verhaltensweisen zeigen:
- ein hohes Maß an Empathie,
- Respekt vor den Bedürfnissen und Wünschen anderer,
- Echtheit im Umgang mit sich selber und anderen,
- Flexibilität in der Wahrnehmung und Einschätzung von Situationen,
- Betroffenheit im Erleben eigener Gefühle,
- Offenheit in der Klarheit seiner Aussagen,
- Verschwiegenheit nach außen,
- Integrität im Umgang mit den Supervisanden,
- aktive Beteiligung bei der Unterstützung der vielfältigen Suchprozesse während der Supervision,
- Verzicht auf autoritären Druck,
- Ausgewogenheit in seiner Rolle als Katalysator, Informant und Hinweisgeber einerseits und als verantwortlicher Beobachter/ Kontrolleur der Beziehungen, des Supervisionsverlaufes und der gemeinsam formulierten, neuen Arbeitsstrategien und Handlungsimpulse,
- Verzicht auf angstbesetzende/-besetzte Bewertungen.
Sicherlich bietet es sich an, gemeinsam im Team diese Rahmenbedingungen zu erörtern.

Struktur der Supervision

Supervision läuft in vielen Fällen nach bestimmten Phasen ab, wobei es nicht zwingend notwendig ist, diese Struktur einzuhalten.

Diese Gliederung kann daher streng oder weniger streng bis fließend verstanden werden:

Phase 1: Nennung besonderer Fragen, bedeutsamer Situationen oder besonderer Geschehnisse in der Zeit zwischen dem letzten Supervisionstreffen und der diesmaligen Sitzung.
↓

Phase 2: Auswahl von Fragen-/Themenschwerpunkten, die von allen Supervisanden *heute* bearbeitet werden sollen.
↓

Phase 3: Festlegung der Reihenfolge.
↓

Phase 4: Beschreibung des Themas in möglichst allen Einzelheiten, damit alle Supervisanden – ebenso wie der Supervisor – einen annähernd gleichen Informationsstand besitzen.
↓

Phase 5: Freie Kommunikation zum Thema: Meinungen, Vergleiche, Beurteilungen, Standpunkte.
↓

Phase 6: Eingrenzung und Nennung des Problems.
↓

Phase 7: Gemeinsame Erarbeitung notwendiger Verhaltens- und Handlungsstrategien unter Zuhilfenahme vieler Methoden (z.B. Rollenspiel).
↓

Phase 8: Sicherung der Ergebnisse und endgültige Formulierung der Konsequenzen.
↓

Phase 9: Auswertende Reflexion zum Verlauf der Supervisionssitzung. In der darauffolgenden Sitzung wird eine Überprüfung der gesetzten Ziele zum ersten Supervisionspunkt.

Supervision als berufsbegleitende, praxisbezogene und strukturierte Reflexion der Arbeit ist damit weitaus mehr als lediglich *eine* Möglichkeit unter vielen anderen Fortbildungsformen. Sie ist zu einem Meilenstein für eine qualifizierte Arbeit geworden und sollte auch im Krippen- und Kindergartenbereich zu einer **Instanz auf Dauer** werden.

Überall dort, wo in Einrichtungen Konflikte auftreten und diese ohne fremde Hilfe nicht mehr zu lösen sind, gibt es kaum eine effektivere Form der Problembearbeitung, *weil* Supervision vor Ort mit der Praxis in einem direkten Kontakt steht. Ja, die Forderung für Supervision kann noch klarer aufgestellt werden: Wenn permanent Konflikte in der Einrichtung unbearbeitet existieren, entwickeln sie häufig eine zunehmende Dynamik und werden sich damit grundsätzlich auf die in der Einrichtung untergebrachten Personen auswirken – belastend, destruktiv, kräftezehrend und innovationshemmend.

„Es ist seltsam", so schreibt J. J. Rousseau, „daß man, seit man sich mit der Erziehung der Kinder beschäftigt hat, auf keine anderen Mittel, sie zu leiten, verfallen ist als auf Wetteifer, Eifersucht, Neid, Eitelkeit, Habgier, Feigheit, also gerade die gefährlichsten Eigenschaften, die am schnellsten emporschießen und am geeignetsten sind, die Seele zu verderben."

Die Frage ist daher berechtigt, ob Mitarbeiterinnen in (sozial-) pädagogischen Einrichtungen aufgrund besonderer Lebensumstände in der Vergangenheit, einer unzureichenden Fachschulausbildung, überhöhter Ideale, langandauernder Konflikte in der Einrichtung oder vielleicht auch durch besondere Ereignisse im privaten Bereich gar nicht mehr die Kraft oder die Neugierde spüren, **Problemkernen** auf den Grund zu gehen. Ist es vielleicht schon soweit, daß Mitarbeiterinnen aus dem pädagogischen Arbeitsfeld nicht mehr ertragen können, „erwachsen miteinander zu reden, auch sich zu streiten, hart und kontrovers zu diskutieren und zu wissen, daß davon die ‚Welt des eigenen Ich' nicht untergeht"? (Scobel, 1988, S. 168)

Werden vielleicht aggressive Empfindungen permanent verdrängt aufgrund eines ständigen Wunsches nach Harmonie, Geborgenheit und Glück mit der Folge depressiver Verstimmungen? Besteht vielleicht sogar ein Interesse an der Undurchschaubarkeit von Strukturen, um selber aus persönlichen Gründen oder durch Arbeitsbedingungen besser überleben zu können? Wer die Antworten nicht scheut, kann in der Supervision an der eigenen Identität und Professionalität arbeiten.

Zum Schluß werden drei Arbeitslisten vorgestellt. Mit der 1. Liste *„Überprüfung der Notwendigkeit von Supervision"* können Mitarbeiterinnen eine Bestandsaufnahme vornehmen, um zunächst individuell die Fragen zu beantworten und diese dann im Team zu besprechen.

Mit der 2. Liste können Mitarbeiterinnen ihren Supervisor prüfen, um eine Entscheidung zur weiteren Zusammenarbeit zu treffen.

Mit der 3. Liste haben Supervisanden die Möglichkeit, im Anschluß an die Supervisionssitzungen zunächst für sich, dann – wenn gewünscht – in der Gruppe ihre Einschätzung nach außen zu tragen.

Überprüfung zur Notwendigkeit von Supervision

Name:...

Datum:..

1. Gibt es aus Deiner/Ihrer Sicht Probleme und Schwierigkeiten in der Praxis, die eine persönliche bzw. fachliche Entwicklung hemmen? Ja – Nein

Wenn ja, welche?

2. Wurden/werden aktive und kompetente Versuche in der Einrichtung unternommen, diese ursachenorientiert zu lösen? Ja – Nein

Wenn ja, wie?

Wenn nein, warum nicht?

3. Kann Deiner/Ihrer Meinung nach eine fachkompetente Person von außen – z.B. ein(e) Supervisor(in) – möglicherweise dazu beitragen, bisher verdeckte oder offene Probleme/Schwierigkeiten in Zusammenarbeit mit dem Team zu lösen? Ja – Nein

Wenn ja, warum?

Wenn nein, warum nicht?

4. Sollte Supervision geplant und initiiert werden?

Ja – Nein

Teambeurteilung des Supervisors/der Supervisorin

Name:..

Vorstellungsdatum: ....

Ausbildung als Supervisor:
● wann?
● bei welcher Einrichtung?

Grundberuf: ....

Berufs-/Supervisionserfahrung: ....

Selbstverständnis von Supervision:

....

....

Verhaltensweisen/Persönlichkeitsmerkmale, die positiv und konstruktiv erscheinen:

a)...

b)...

c)...

Verhaltensweisen/Persönlichkeitsmerkmale, die negativ und destruktiv erscheinen:

a)...

b)...

c)...

Preis pro Supervisionssitzung (à 45 Minuten):.................. DM

Entscheidung *für* oder *gegen* den/die SV?

129

Auswertungsfragen im Anschluß an die Supervision

1. Die heutige Supervisionsarbeit hat mir Klarheit in bestimmten Fragen gebracht.

   −1   0   +1   +2   +3   +4

2. Durch die heutige Supervisionsarbeit wurde ich persönlich gefordert.

   −1   0   +1   +2   +3   +4

3. Das heutige Thema war für mich beruflich wichtig.

   −1   0   +1   +2   +3   +4

4. Ich habe heute das, was ich sagen wollte, auch ausgedrückt.

   −1   0   +1   +2   +3   +4

5. Die Atmosphäre habe ich heute als offen und konstruktiv erlebt.

   −1   0   +1   +2   +3   +4

6. Das Thema der heutigen Supervisionsarbeit brachte den Konflikt deutlich auf den Punkt.

   −1   0   +1   +2   +3   +4

7. Ich fühle mich in der Supervisionsgruppe wohl.

   −1   0   +1   +2   +3   +4

8. Insgesamt hat sich für mich die Supervisionsarbeit bis heute fachlich und persönlich gelohnt.

   −1   0   +1   +2   +3   +4

9. Ich freue mich auf die nächste Supervisionssitzung.

   −1   0   +1   +2   +3   +4

Erklärung der Skalenwerte:
−1 = nein, im Gegenteil
 0 = weder noch
+1 = ja, etwas
+2 = ja, trifft im wesentlichen zu
+3 = trifft deutlich zu
+4 = ja, trifft 100%ig zu

e) Literaturhinweise

Auckenthaler, Anna: Supervision – der sanfte Umgang mit dem täglichen Scheitern? In: Zeitschrift der Gesellschaft für wissenschaftliche Gesprächspsychotherapie. Heft 4/1991.

Akademie für Jugendfragen: Verstehen in der Supervision. In: supervision – Materialien für berufsbezogene Beratung in sozialen, pädagogischen und therapeutischen Arbeitsfeldern. Heft 1/1982.

Akademie für Jugendfragen: Politische Dimensionen der Supervision. In: supervision – Materialien für berufsbezogene Beratung in sozialen, pädagogischen und therapeutischen Arbeitsfeldern. Heft 8/1985.

Barthe, Hans-Jürgen: Gruppenprozesse in der Teamsupervision: Konstruktive und destruktive Effekte. In: AFET-Mitglieder-Rundbrief der Arbeitsgemeinschaft für Erziehungshilfe e.V. – Bundesvereinigung. 2–3/1985.

Belardi, Nando: Supervision – Von der Praxisberatung zur Organisationsentwicklung. Junfermann Verlag, Paderborn 1992.

Bernier, Gunnar und Johnsson, Lisbeth: Supervision in der psychosozialen Arbeit. Integrative Methodik und Praxis. Beltz Verlag. Weinheim 1993.

Carifio, Michael S. und Hess, Allen K.: Was kennzeichnet den idealen Supervisor? In: Report Psychologie, Mai 1988.

Fatzer, Gerhard und Eck, Claus D.: Supervision und Beratung. Ein Handbuch. Edition Humanistische Psychologie, Köln 1990.

Gerspach, Manfred: Supervision für soziale Dienste. Am Beispiel der Gemeinde Riedstadt. Matthias-Grünewald Verlag. Mainz 1991.

Leffers, Carl-Josef: Teamsupervision mit professionellen Helfern in sozialen und therapeutischen Institutionen. In: Zeitschrift der Gesellschaft für wissenschaftliche Gesprächspsychotherapie. Heft 69/1987.

Neumann, Dieter-A.: Der Supervisor: Weggefährte und Zeitgenosse. Ein Beitrag zur Ent-Mystifizierung von Supervisionsprozessen. In: Unsere Jugend. Heft 10/1992.

Pallasch, Waldemar: Supervision – neue Formen beruflicher Praxisbegleitung in pädagogischen Arbeitsfeldern. Pädagogisches Training. Juventa Verlag, Weinheim 1991.

Pühl, Harald (Hrsg.): Handbuch der Supervision. Beratung und Reflexion in Ausbildung, Beruf und Organisation. Edition Marhold im Wissenschaftsverlag Volker Spiess. Berlin 1990.

Schoppig, Lucien: Systemtherapeutische Supervision im Kinder- und Jugendheim. Hartung-Gorre Verlag, Konstanz 1987.

Schreyögg, Astrid: Supervision – ein integratives Modell. Lehrbuch zu Theorie und Praxis. Junfermann Verlag, Paderborn 1991.

Scobel, Walter Andreas: Was ist Supervision? Verlag für Medizinische Psychologie im Verlag Vandenhoeck & Ruprecht. Göttingen 1988.

Scobel, Walter Andreas: Grundlagen der Supervision. In: Zeitschrift der Gesellschaft für wissenschaftliche Gesprächspsychotherapie. Heft 84/1991.

Weinert, Ansfried B.: Lehrbuch der Organisationspsychologie. Psychologie Verlags Union, München/Weinheim [2]1987.

4. Fort- und Weiterbildung

Die Arbeit in Kindertagesstätten ist für die pädagogischen Mitarbeiterinnen nur dann in ihrer bestehenden oder anzustrebenden Qualität zu erhalten bzw. zu erreichen, wenn Fort- und Weiterbildung zu einem **festen Bestandteil** der Berufstätigkeit wird. Inzwischen gibt es einige Kindertagesstättengesetze bzw. Ausführungsbestimmungen, in denen dies gesetzlich verankert ist.

Kindertagesstättenarbeit hat sich an dem Erziehungs-, Bildungs- und Betreuungsauftrag der jeweiligen Einrichtung zu orientieren; hier sind die Erzieherinnen gefordert, eine aktuelle, kindorientierte Pädagogik mit Kindern zu gestalten. Längst hat es sich gezeigt, daß einmal in der zurückliegenden Fachschul(-akademie-)ausbildung gelernte Inhalte dem Wandel der Zeiten ebenso ausgesetzt sind wie Forschungsergebnisse aus der Elementarpädagogik. Umso unverständlicher ist es, wenn Erzieherinnen die Meinung vertreten, daß einmal gelernte Inhalte eine lebenslange Bedeutung haben. Auf der anderen Seite ist es umso erfreulicher, wenn pädagogische Mitarbeiterinnen immer wieder neugierig sind, zurückliegende Erfahrungen gemeinsam mit Kolleginnen zu reflektieren, ältere Erkenntnisse in Frage stellen und neue, aktuelle Ergebnisse besprechen und abwägen, inwieweit diese für die Praxisberücksichtigung von Bedeutung sein können.

Zur Notwendigkeit und Bedeutung der berufsbegleitenden Fort- und Weiterbildung können daher folgende Grundaussagen getroffen werden:

● Die Ausbildungsgänge an den Fachschulen/Fachakademien reichen in der Regel nicht aus, zumal Grundausbildungen – ähnlich wie bei einem Hochschulstudium – eben „nur" allgemeine Ausbildungsinhalte vermitteln und weniger auf die Praxisanforderungen vor Ort eingehen (können).

● Die Veränderung der Lebenswelten von Kindern und ihren Eltern trägt automatisch zu einer Veränderung von Verhaltensweisen bei, die kaum noch mit herkömmlichen Möglichkeiten einer Verhaltensstabilisierung aufgefangen oder korrigiert werden können.

● Veränderungen in den Lebensbiographien von Kindern sind Ausgangspunkte ihres Verhaltens; sie zu verstehen, setzt bei pädagogischen Mitarbeiterinnen eine profunde Kenntnis der Lebenswirklichkeiten voraus.

● Längeres Arbeiten in sozialpädagogischen Einrichtungen trägt immer dazu bei, daß sich Berufsroutine ausbreitet und Arbeitsstrukturen mitbedingt, die sich mit der Zeit verselbständigen und gar nicht mehr wachsam und offen von den Mitarbeiterinnen bemerkt werden.

● Arbeits- und Berufserfahrungen werden zwar gerne als Begründungen für ein bestimmtes Handeln oder Vorgehen benannt, sind aber nicht selten unreflektierte Vorgehensmuster, die Erneuerungen und Offenheit in der pädagogischen Tätigkeit behindern.

● Die tägliche Arbeit mit Kindern – zumal wenn es um eine Häufung von Kindern mit besonderen Problemen geht – kostet Kraft, Motivation und Anstrengungsbereitschaft. Erzieherinnen haben daher ein Recht, gerade in Fort- und Weiterbildungsveranstaltungen durch ihr Herauslösen aus der Praxis neue Motivationshilfen zu erhalten, neue Kräfte für die Praxis zu mobilisieren und mit Hilfe neuen Wissens ihre Handlungskompetenzen zu erweitern.

Damit ist der Fort- und Weiterbildung in der pädagogischen Praxis ein hoher Stellenwert beizumessen, ohne die eine fachkompetente Arbeit letztendlich nicht möglich sein wird. Stellen wir hier einen Vergleich zu handwerklichen oder industrieorientierten Berufen her, fällt auf, daß in diesen Arbeitsfeldern eine aktuelle, gegenwartsbezogene Arbeit ohne Fortbildung undenkbar ist. Insoweit ist es nicht zu verstehen, daß einige pädagogische Mitarbeiterinnen immer noch den Besuch von Fort- und Weiterbildungsseminaren mehr als eine Pflicht denn als ein Recht begreifen. Eine Befragung fortbildungsdesinteressierter Erzieherinnen (Krenz 1988/89) ergab dabei folgende Bündelungen von Stellungnahmen:

a) Argumentation der fehlenden Zeit
„Bei meinen Verpflichtungen im Kindergarten, meinem Eingespanntsein in der Praxis und meinen Arbeitsnotwendigkeiten zu Hause bleibt mir keine Zeit, auch noch Fortbildungsveranstaltungen zu besuchen."
Anmerkung:
Pädagogik mit Kindern lebt daraus, daß Kinder einen Anspruch auf eine aktuelle Entwicklungsbegleitung haben. Wer mangelnde Zeit für den Besuch von Fortbildungsveranstaltungen angibt, zeigt nicht zuletzt ein Desinteresse an aktueller Pädagogik und damit an Kindern.

b) Argumentation der Theorielastigkeit
„Bei vielen Fortbildungsveranstaltungen werden wir ja sowieso nur mit neuen Theorien vertraut gemacht. Dabei wird vergessen,

daß es sicherlich im nächsten Jahr schon wieder eine andere Theorie zu dieser Fragestellung gibt."
Anmerkung:
Fortbildung hat dafür zu sorgen, daß es um ein ausgeglichenes Verhältnis von theoretischen Inhalten und praktischen Erfahrungen geht. Leider kann gesagt werden, daß eine gewisse Theoriefeindlichkeit auf dem Vormarsch ist. Fortbildung hat dafür zu sorgen, daß Theorie und Praxis in einem dialogen Verhältnis zueinander stehen, und damit direkte Bezugspunkte besitzen.

c) Argumentation der ungünstigen Rahmenbedingungen
„Mir ist es aufgrund unserer Personalbesetzung einfach nicht möglich, mich für eine Fortbildung anzumelden. Ständig hätte ich ein schlechtes Gewissen den arbeitenden Kolleginnen gegenüber. Ich kann und will es den Mitarbeiterinnen nicht zumuten, daß sie meine Arbeit mitübernehmen müssen."
Anmerkung:
Ungünstige Rahmenbedingungen als vorgetragene Argumentation für die Nichtannahme von Fortbildung ist nicht selten ein ‚stellvertretender Hinweis' auf Kommunikationsprobleme im Team bzw. auf die Unterlassung von berechtigten Forderungen an den Träger, dafür Sorge zu tragen, daß Fort- und Weiterbildungsveranstaltungen besucht werden können.

d) Argumentation aus Angst vor Veränderung
„In den Fortbildungsseminaren erfahren wir ja doch sowieso nur, was wir in der Praxis falsch machen. Das höre ich schon von anderer Seite und muß es mir daher nicht noch von fremden Leuten vorhalten lassen."
Anmerkung:
Sicherlich ist der Besuch von Fort- und Weiterbildungsseminaren auch meistens damit verbunden, daß Praxislösungen besprochen und hinterfragt werden. Dabei kommt es unweigerlich zu fachkompetenten Reflexionen, die eigene Grenzen verdeutlichen oder getroffene Entscheidungen problematisieren. Nur – wer von Kindern bei der Arbeit erwartet, daß diese sich auf *neue* Situationen einstellen, sollte auch den Anspruch an sich selber haben, Erneuerungen als einen festen Bestandteil des eigenen Berufslebens zu akzeptieren und in die eigene Handlungskompetenz zu integrieren.

e) Argumentation der fehlenden Notwendigkeit
„In meinem Alter – davon bin ich fest überzeugt – bringt Fortbildung doch gar nichts mehr. Die paar Jahre, die ich noch im Beruf

stehe, halte ich durch mit Mitteln, die mir zur Zeit zur Verfügung stehen."

Oder:

„Ich habe ja erst vor zwei Jahren die Schule verlassen und habe vom Lernen erstmal die Nase voll. Vieles ist mir noch durchaus geläufig, so daß ich nicht glaube, daß Fortbildung bei mir angezeigt ist."

Oder:

„Ich habe erst im letzten Jahr eine Fortbildung besucht. Jetzt kann jemand anderer aus unserem Team ein Seminar besuchen."

Anmerkung:

Der Besuch von Fort- und Weiterbildungsveranstaltungen hat sicherlich viel mit der eigenen Karriereplanung zu tun. Auf der einen Seite dient der Besuch sicherlich der Qualifizierung der pädagogischen Arbeit, bei der Kinder diejenigen sind, die davon ebenso profitieren wie die Eltern und Kolleginnen. Auf der anderen Seite wird der Besuch von Fort- und Weiterbildungsveranstaltungen auch den Zweck erfüllen, daß die Fortbildungsteilnehmerin selbst *ihr* persönlich-berufliches Ziel mit dem Seminarbesuch abdeckt. Wer also eine fehlende Notwendigkeit für Fort- und Weiterbildung angibt, spricht sich nicht nur gegen eine Qualitätsverbesserung der Arbeit aus, sondern trifft offenkundig auch eine Absage an eine eigene Karriereplanung.

f) Argumentation der Privatheit

„Natürlich würde ich schon einmal gerne eine Fortbildung besuchen. Aber das ist gar nicht so einfach. Bei meinem Kind muß ich abwägen, ob ich es alleinlassen kann."

Oder:

„Mein Träger ist nicht bereit, die Fortbildungskosten zu übernehmen. Da heißt es eben für mich, Fortbildungswünsche zu streichen, auch wenn es mir für die Kinder im Kindergarten leid tut."

Anmerkung:

Auf der einen Seite ist es beschämend, wie niedrig in manchen Kindergärten der Fortbildungsetat angesetzt ist. Noch unverständlicher ist es, wenn gar kein Haushaltstitel für Fortbildung eingerichtet oder vorgegeben ist. Auf der anderen Seite ist es aber auch aus fachlichen Gründen schwer nachvollziehbar, daß *alle* Verantwortung an den Träger delegiert oder an besondere Situationen übertragen wird.

Meist ist und bleibt es eine Frage der Prioritätensetzung: Möchte ich eine Fortbildungsveranstaltung besuchen – ja oder nein? Kann ich es dem eigenen Kind zumuten, einmal für drei oder fünf Tage bei den Großeltern / einer Tagesmutter / einer Freundin / einer Kindergartenmutter zu bleiben – ja oder nein? Bin ich bereit, auch selber die Kosten (mit-)zu tragen und diese dann bei der Lohnsteuererklärung abzusetzen – ja oder nein? Ist mir die Arbeit in diesem Kindergarten mit diesen Kindern, Kolleginnen und Eltern so bedeutsam, auch private Abstriche – in sehr begrenzter Zeit! – vorzunehmen – ja oder nein? Will ich aktiv und zielorientiert an meiner Karriereplanung arbeiten – ja oder nein?

Fragen, die einer deutlichen Antwort bedürfen und Konsequenzen in unterschiedlicher Richtung mit sich bringen.

Fort- und Weiterbildung vollzieht sich in der Praxis auf ganz unterschiedlichen Ebenen, so daß an dieser Stelle einige genannt werden sollen:

- regelmäßiges Lesen von Fachbüchern
- regelmäßige Auswertung der Artikel in Fachzeitschriften
- Supervisionstreffen innerhalb des Teams
- Supervisionstreffen mit Kolleginnen aus anderen Einrichtungen
- kindergarteninterne Arbeitsgruppentreffen
- Arbeitstreffen mit Kolleginnen aus anderen Einrichtungen/Arbeitsfeldern zu bestimmten Themen
- kindergarteninterne Fortbildung (mit bzw. ohne FremdreferentIn)
- Konzeptionserarbeitung
- Fernstudium an einer Einrichtung, die von der „Zentralstelle für Fernstudien" genehmigt ist
- Fort-/Weiter-/Zusatzausbildung in berufsbegleitender Form
- Zusatzausbildung in Vollzeitform

Fort- und Weiterbildung bezieht sich im Hinblick auf die obige Zusammenstellung sicherlich *nicht* nur auf den Besuch von Seminaren. Sie ist damit eindeutig weiter gefaßt als ursprünglich im engeren Sinne verstanden.

Bevor nun einige Veranstalter genannt werden, soll an dieser Stelle noch kurz auf eine genauere Begriffsbestimmung eingegangen werden, weil sich in der Praxis zeigt, daß Bildungsbegriffe nicht deutlich voneinander unterschieden werden.

Fortbildung bezieht sich auf den Besuch von Veranstaltungen, die ungefähr einen Umfang bis zu 12 Tagen haben. In der Fortbildung geht es darum, sich speziell mit *einem* Thema, das für die Praxis bedeutsam ist, auseinanderzusetzen und das eigene Wissen zu erweitern.

Weiterbildung ist zeitlich umfangreicher und umfaßt in der Regel

100 Seminarstunden und mehr. In der Weiterbildung geht es darum, sich mit einem Themen*komplex* auseinanderzusetzen und eigene Handlungskompetenzen zu erweitern.

Zusatzausbildungen sind umfangreiche Angebote, die in der Regel einen Umfang von 250 Seminarstunden und mehr aufweisen und Teilnehmerinnen für eine **zusätzliche** Qualifikation vorbereiten. Sie schließen auch mit einer Prüfung/einem Kolloquium ab und beinhalten die Berechtigung, diese zusätzliche Qualifikation in Verbindung mit der eigenen Berufsbezeichnung zu führen.

Jede Form der Fort- und Weiterbildung hat dabei ebenso wie eine Zusatzausbildung ihre Berechtigung.

Die Aufgabe der pädagogischen Mitarbeiterinnen ist es, die unterschiedlichen Vor- und Nachteile bezogen auf die persönliche und berufliche Situation sorgsam abzuwägen und eine kompetente Entscheidung für die eigene Karriereplanung zu treffen.

Im folgenden Kapitel sind nun Institutionen genannt, die je nach ihren Schwerpunkten bestimmte Fort-, Weiter- und/oder Zusatzausbildungen anbieten. Jede Einrichtung erstellt ein Jahresprogramm, das von interessierten Erzieherinnen kostenlos angefordert werden kann. Dabei sollte nicht nur darauf geachtet werden, welche Institution in der unmittelbaren Nähe liegt, sondern welche Angebote von besonderer Bedeutung zu sein scheinen.

Es lohnt sich immer, Preise und Qualitätsmerkmale zu vergleichen, Kolleginnen zu befragen, ob von Erfahrungen berichtet werden kann, bzw. nähere Informationen vom Veranstalter einzuholen. Sollten alle Fremdangebote nicht in Frage kommen, gibt es immer noch die Möglichkeit, einen Fremdreferenten / eine Referentin für eine einrichtungsinterne Fortbildung zu gewinnen.

Sicherlich konnten in der Auflistung der Bildungsträger nicht alle Veranstalter berücksichtigt werden. Insoweit stellt die Übersicht eine subjektive Auswahl dar. Dennoch trägt sie sicherlich dazu bei, einen grundsätzlichen Eindruck von der Vielfalt der Anbieter zu bekommen. Zusätzlich wurde bei der Auswahl berücksichtigt, inwieweit die jeweilige Einrichtung „etabliert" ist und von den Dozenten fachliche Kompetenz gezeigt wird. Alle Angaben wurden auf den Grundlagen aktueller Erhebungen im Herbst 1993 vorgenommen. Zwischenzeitliche Veränderungen bis zur Veröffentlichung des Buches konnten daher selbstverständlich keine Berücksichtigung finden.

Die Angaben enthalten auf der einen Seite Anschrift und Telefonnummer, auf der anderen Seite die Angebotsschwerpunkte. Diese können sich im Laufe der neuen Veranstaltungsjahre verändern.

Veranstalter	*Angebotsschwerpunkte*
● afw – Arbeitszentrum Fort- und Weiterbildung im Elisabethenstift Darmstadt, Stiftstr. 14, 64287 Darmstadt Tel.: 06151-403348	Fortbildung für Kindertagesstätten und Hort
● Akademie für Jugend- und Sozialarbeit, Deutscher Verein für öffentliche und private Fürsorge Am Stockborn 1–3 60439 Frankfurt/Main Tel.: 069-5803283	Praxisberatung, Fortbildung Kindertagesstätten
● Akademie für Menschliche Begleitung, Dr. J. Canacakis Goldammerweg 9 45135 Essen Tel.: 02101-442469	Trauerbegleitung, Seminare zum Thema Tod und Sterben
● Akademie für Motopädagogik und Mototherapie Kleiner Schratweg 32 32657 Lemgo Tel.: 05261-72321	Weiterbildung in Motopädagogik, Seminare in Motopädagogik und -therapie
● Akademie Remscheid für musische Bildung und Medienerziehung Küppelstein 34 42857 Remscheid Tel.: 02191-7940	Zusatzausbildungen u.a. in Rhythmischer Erziehung, Spielpädagogik Fortbildung für Erzieherinnen
● Arbeiterwohlfahrt Bundesverband Oppelner Str. 130 53119 Bonn Tel.: 0228-66850	Zusatzausbildungen u.a. in systemischer Beratung, Gesprächsführung, Leitung von Kindertagesstätten Fortbildung f. Erzieherinnen
● Arbeitsgemeinschaft für klientenzentrierte Therapie und humanistische Pädagogik Hans-Kruse-Str. 17 57074 Siegen Tel.: 0271-334862	Zusatzausbildungen u.a. in klientenzentrierter Spieltherapie und -pädagogik Fortbildung u.a. Kommunikation, Ausdrucksmalen, Familienrekonstruktion

Veranstalter	*Angebotsschwerpunkte*
● Arbeitskreis Soziale Bildung und Beratung e.V. Grevener Str. 89 48159 Münster Tel.: 0251-51248	Fortbildung u.a. in Familien-, Krisen-, Scheidungs- und Trennungsberatung; Spielpädagogik
● Bundesdeutsches Kolleg für Therapeutik des erew-Instituts Prof. Dr. K.-J. Kluge Postfach 10 04 36 41704 Viersen Tel.: 02162-24606	Zusatzausbildungen u.a. in Erziehungstherapeutik; Kinder- und Jugendtherapeutik, Kunsttherapie; Sprachtherapie; Spieltherapeutik
● Bundesverband Jugend und Film e.V. Schweizer Straße 6 60594 Frankfurt a.M. Tel.: 069-6032185	Fortbildung in Medienarbeit und Medienpädagogik
● Bundesverband Rhythmische Erziehung Küppelstein 34 42857 Remscheid Tel.: 02191-794256	Fortbildung in Rhythmik
● Burckhardthaus e.V. Evang. Institut für Jugend- und Sozialarbeit Herzbachweg 2 63571 Gelnhausen Tel.: 06051-890	Fortbildungen u.a. in Gesprächsführung, Maskenbau, Psychodrama, Spielpädagogik, Supervision
● Deutsche Gesellschaft für therapeutisches Puppenspiel Leiergasse 17 75031 Eppingen Tel.: 07262-7963	Fortbildungsseminare zum therapeutischen Puppenspiel
● Deutsche Montessori-Gesellschaft Postfach 5461 97004 Würzburg	Zusatz- und Fortbildung in Montessori-Pädagogik

Veranstalter	*Angebotsschwerpunkte*
● Deutscher Caritasverband e.V. Bundesverband Karlstr. 63 79104 Freiburg Tel.: 9761-200538	Zusatzausbildung u.a. zur Leitung sozialer Institutionen Fortbildung u.a. in Bibliodrama, Öffentlichkeitsarbeit, Kindertagesstättenpolitik
● Deutsches Institut für Tanztherapie und Ausdruckstherapie (tiefenpsychologische Orientierung) Rilkestr. 103 53225 Bonn Tel.: 0228-467900	Ausbildungen: Pädagogische Psychotherapie, Tanz- und Ausdruckstherapie Fortbildungsseminare für Erzieherinnen
● Deutsches Kuratorium für therapeutisches Reiten e.V. Bundesgeschäftsstelle Freiherr-von-Langen-Str. 13 48231 Warendorf Tel.: 02581-63620	Zusatzausbildungen in therapeutischem Reiten, heilpädagogischem Voltegieren, Hippotherapie
● Deutsches Rotes Kreuz Bundesschule Auf dem Steinbüchel 22 53340 Meckenheim-Merl Tel.: 02225-8821	Zusatzausbildungen u.a. in Themenzentrierter Interaktion Fortbildungen u.a. in Erwachsenenbildung und Eltern-Kind-Gruppen
● Diakonische Akademie Stafflenbergstr. 76 79184 Stuttgart Tel.: 0711-21590	Zusatzausbildungen u.a. in Gesprächsführung, Heil- pädagogik, Familienberatung, Leitungsaufgaben, Praxis- beratung, Sozialmanagement Fortbildung für Erzieherinnen
● Die Spinnen e.V. Beratungs- und Bildungs- zentrum für Frauen zur Erwerbssituation Bäuminghausstr. 46 45326 Essen Tel.: 0201-311071	Seminare zur Existenzgründung, Leitung sozialer Institutionen, Rhetorik, Selbstbehauptung

Veranstalter	*Angebotsschwerpunkte*
● Evang. Akademie Nordelbien Esplanade 15 20354 Hamburg Tel.: 040-3550560	Zusatzausbildungen u.a. in Psychodrama und Trauerbegleitung Fortbildungen für Erzieherinnen
● Fachschule für Motopädie – Bewegungstherapie – Lindemannstr. 8 44137 Dortmund Tel.: 0231-103870	Ausbildung in Motopädagogik
● Familien- und Weiterbildungs- zentrum Haus Buchberg Hornisgrindestr. 15 75305 Neuenbürg Tel.: 07082-6500	Zusatzausbildungen u.a. in systematischer Familienberatung, Gruppendynamik, Leitung sozialer Institutionen Fortbildungen in den Themen ‚Märchen‘, ‚Aggressivität‘, ‚Entspannung‘
● Figurentheater-Kolleg am Deutschen Institut für Puppenspiel e.V. Hohe Eiche 27 44892 Bochum Tel.: 0234-284080	Zusatzausbildungen: Figurentheater, therapeutisches Puppenspiel Fortbildungsseminare: Bewegung, Clowntraining, Plastizieren, Sprecherziehung, Tanz, Körperarbeit
● Gesellschaft für analytische Gruppendynamik e.V. Rankestr. 4/I 80796 München Tel.: 089-305305	Zusatzausbildungen: Gruppenleitung Fortbildung: humanistische Psychologie
● Gesellschaft für wissen- schaftliche Gesprächs- psychotherapie – GwG – Fachverband für Psycho- therapie und Beratung Richard-Wagner-Str. 12 50674 Köln Tel.: 0221-252917	Zusatzausbildungen – angeboten in ganz Deutschland durch Ausbilder der GwG in: Gesprächsführung, pädagogische und psychotherapeutische Arbeit mit Kindern und Jugendlichen

Veranstalter	*Angebotsschwerpunkte*
● Institut für analytische Kinder- und Jugend- lichenpsychotherapie für das Land Niedersachsen Geibelstr. 104 30173 Hannover Tel.: 0511-886144	Zusatzausbildungen in analytischer Kinder- und Jugendlichenpsychotherapie
● Institut für angewandte Psychologie und Pädagogik Alter Markt 14 24103 Kiel Tel.: 0431-93450	Zusatzausbildung in klienten- zentrierter Gesprächsführung Fortbildung für ErzieherInnen (z.B. in Rhetorik, Psychologie der Kinderzeichnungen. Seminardurchführung für Mitarbeiterinnenteams vor Ort, Erstellung von Konzeptionen, Supervision)
● Institut für Familientherapie – Ausbildung und Entwicklung – Buchenweg 7 69469 Weinheim Tel.: 06201-65952	Zusatzausbildungen u.a. in Familientherapie Fortbildung im Bereich der Kommunikation
● Institut für humanistische Psychologie Schubbendenweg 4 52249 Eschweiler Tel.: 02403-4726	Zusatzausbildungen u.a. in pädagogischer Psychotherapie, Spieltherapie, Bioenergetik, Gestaltpädagogik, Kunsttherapie Fortbildungen in Theater- pädagogik, Arbeiten mit Früherinnerungen
● Institut für klinische Heilpädagogik Dr. I. Milz Mainstr. 157 63065 Offenbach Tel.: 069-8003130	Fortbildungen in Sensomotorik und in den Arbeitsfeldern auditive/visuelle Teilleistungsstörungen

Veranstalter	*Angebotsschwerpunkte*
● Institut für Musiktherapie und Atemtherapie Seminar für Musiktherapie Akademie für Musikheilkunde Waldhütterpfad 38 14169 Berlin Tel.: 030-813080	Zusatzausbildungen in heilpädagogischer Musikarbeit und Musiktherapie
● Institut für personenzentrierte Psychologie Heidelberg Kleingemünder Str. 37 69118 Heidelberg Tel.: 06221-800366	Zusatzausbildungen in Gesprächsführung und interkultureller Kommunikation
● Institut für Sexualpädagogik Dortmund des Vereins zur Förderung der Sexualpädagogik e.V. Huckarder Str. 12 44147 Dortmund Tel.: 0231-144422	Zusatzausbildung in Sexualpädagogik Fortbildungsseminare zum Thema Sexualberatung, Sexualpädagogik, sexueller Mißbrauch
● Institut für sozialpädagogische berufliche Bildung Oberheidter Str. 28 42349 Wuppertal Tel.: 0202-477602	Zusatzausbildung u.a. in Kinder- und Jugendlichen-psychotherapie, Sozialtherapie Fortbildungen u.a. zur Mitarbeiterführung, Verhandlungsführung, Tanztherapie
● Internationale Gesellschaft für musikpädagogische Fortbildung Postfach 1443 57319 Bad Berleburg Tel.: 02759-7921	Fortbildungsseminare: Musik, Musikpädagogik, Musiktherapie, Tanztheater, Theaterpädagogik, Instrumenten-spiel, rhythmisch-musikalische Erziehung
● Internationale Gesellschaft für erzieherische Hilfen Lyoner Str. 34 60528 Frankfurt Tel.: 069-66922682	Fortbildung: erzieherische Hilfen, pädagogische Handlungskonzepte

Veranstalter	*Angebotsschwerpunkte*
● Jugendhof Vlotho Oeynhausener Str. 1 32602 Vlotho Tel.: 05733-9230	Ausbildung in Bioenergetik Fortbildungsseminare: Ausländerfragen, Familien- beratung, Gestaltpädagogik, Gesundheitserziehung, Kulturpädagogik, Multikulturelle Bildung, Medienarbeit, Musik, Theater, Tanz
● Katholische Akademie für Jugendfragen Ludwig-Wolker-Str. 10 51519 Odenthal Tel.: 02174-4275	Zusatzausbildungen: Bibliodrama, Gruppenberatung; Themenzentrierte Interaktion Fortbildungsseminare u.a. in Leitung sozialer Institutionen, Religionspädagogik
● Landesarbeitsgemeinschaft Spiel und Theater NW Klarastr. 9 45663 Recklinghausen Tel.: 02361-81601	Zusatzausbildung: SpielleiterIn in Theatergruppen Fortbildung: Spielpädagogik, Theaterpädagogik
● Management-Institut Dr. A. Kitzmann Julius-Hart-Str. 9 48147 Münster Tel.: 0251-298663	Seminare: Führungsverhalten, Konfliktmanagement, Rhetorik, Transaktionsanalyse
● Montessori-Vereinigung e.V. Xantener Str. 99 59733 Köln Tel.: 0221-7606610	Ausbildung in Montessori-Pädagogik
● Moreno-Institut für Psychotherapie und Sozialpädagogik Schickhardtstr. 49 70199 Stuttgart Tel.: 0711-606707	Ausbildungen in ‚Psycho- dramagruppentherapie mit Kindern‘; psycho- dramatisches Rollenspiel Seminare: Atemarbeit, Erziehungsberatung, Kommuni- kation, Krisenintervention, Märchen, Sandspiel, Soziodrama, Theaterpädagogik, Traumarbeit

144

Veranstalter	*Angebotsschwerpunkte*
● Pädagogische Aktion/ SPIELkultur e.V. Reichenbachstr. 12 80469 München Tel.: 089-2609208	Zusatzausbildungen: Geschichtswerkstätten, Kulturarbeit, Kulturpädagogik, Museumspädagogik, Spiel-, Tanz-, Theaterpädagogik Fortbildungen: s.o.
● Progressiver Eltern- und Erzieherinnenverband e.V. Hohenstaufenallee 1 45888 Gelsenkirchen Tel.: 0209-204558	Seminare: Altersgemischte Gruppen im Kindergarten; interkulturelle Erziehung, Sexualpädagogik, Spielpädagogik
● Psychotherapeutisches Institut Bergerhausen Trarbacher Str. 47 47259 Duisburg Tel.: 0203-788855	Zusatzausbildung u.a. in Psychodrama-Pädagogik Fortbildung in Bibliodrama, Kindertherapie, sozial- pädagogischer Familienhilfe, Theaterpädagogik
● Rhythmikon. Institut für rhythmische Erziehung Weißenburger Str. 10 81667 München Tel.: 889-4487866	Zusatzausbildung in rhythmisch-musikalischer Erziehung Fortbildung: improvisierte Bewegungsbegleitung, Selbsterfahrung
● SEL e.V. – Verein zur Förderung sozialen und emotionalen Lernens e.V. Mühlenhardt 1 51580 Reichshof Tel.: 02296-1283	Zusatzausbildung in sozialem und emotionalem Lernen Fortbildungen in Beratung, Bewegung, Familiendynamik, Gesprächsführung, Gestaltarbeit, Kommunikationstraining, Musik, Verhaltenstraining, Psychodrama
● Spiel- und Theaterwerkstatt Beratungsstelle für Gestaltung Eschersheimer Landstr. 565 60431 Frankfurt Tel.: 069-5302248	Ausbildungen in Spiel- und Theaterpädagogik Fortbildungen: Bibliodrama, Jugendtheater, Maskenspiel, Tanztheater, Spielpädagogik
● Trobadour-Märchenzentrum Bretthorststr. 140 32602 Vlotho Tel.: 05733-10801	Zusatzausbildung zur Märchen- erzählerin/Märchentherapie Fortbildung: Märchenerzählen, Märchentherapie

Veranstalter	*Angebotsschwerpunkte*
● Victor-Gollancz-Haus Goetheallee 3 21465 Reinbek Tel.: 040-7224039	Seminare zu den Themen: Aggressivität, Beratung, Ernährungslehre, Frühpädagogik, Gewalt in Familien, Hortpädagogik, integrative Pädagogik, interkulturelle Erziehung, Leitung von Kindertagesstätten, Märchen, Medienpädagogik, Pantomime, Praxisanleitung, Rollenspiel, Teamarbeit, Theaterpädagogik, Umwelterziehung
● Wildwasser Marburg e.V. Arbeitsgemeinschaft gegen sexuelle Gewalt an Mädchen Barfüßerstr. 30 35037 Marburg Tel.: 06421-14466	Seminare zum Thema: sexueller Mißbrauch

Der Besuch von Fort-, Weiter- und Zusatzausbildungen ist für viele pädagogische Mitarbeiterinnen fast immer mit einem zeitlichen und finanziellen Aufwand verbunden.

Um die Risiken einer Enttäuschung oder Fehlplanung zu minimieren, wird vorgeschlagen, folgende Schritte *vor* einer Anmeldung wahrzunehmen:

1. Schreiben Sie den Fortbildungsträger an und fordern Sie die Zusendung des Fortbildungsprospekts.
2. Beachten Sie, ob die Angaben zur Teilnahmevoraussetzung, den Kosten, der Seminardauer und den Bedingungen klar und deutlich genannt sind.
3. Treffen Sie eine Entscheidung – auch im Vergleich der Anbieter untereinander –, welches Seminar für Sie in Frage kommt.
4. Prüfen Sie, ob Ihre Vorstellung zum Seminarabschluß (qualifizierte Teilnahmebescheinigung, Abschlußzertifikat) mit der Angabe des Anbieters deckungsgleich ist.
5. Fragen Sie bei Teilnahmeausschluß – z.B. wegen einer beruflichen Voraussetzung – beim Veranstalter nach, ob Ausnahmeregelungen möglich sind und lassen Sie sich diese ggf. schriftlich bestätigen.

Persönlicher Reflexionsbogen zur Planung von Fort-, Weiter- und Zusatzausbildungen

1. Persönliche Arbeitsschwerpunkte, in denen fachliche Vertiefungen stattfinden sollen:

2. Berufsspezifische Schwerpunkte, in denen fachliche Fortbildung vertieft werden soll/muß:

3. Name und Anschrift des Veranstalters, der entsprechende Fort-, Weiter- oder Zusatzausbildung anbietet:

   a)

   b)

   c)

   d)

4. Fachliche Notwendigkeiten, die für eine

   a) Fortbildung

   b) Weiterbildung

   c) Zusatzausbildung

   sprechen.

5. Persönliche und dienstliche Voraussetzungen für eine entsprechende Fort-, Weiter- oder Zusatzausbildung:

6. Entscheidung:

   a) Art des Seminars:

   b) Veranstalter:

   c) Seminarbeginn:

6. Erfragen Sie beim Veranstalter immer den Ort des Seminars, falls dieser nicht präzise angegeben ist. Oftmals finden bei starken Seminarnachfragen Parallelseminare in anderen Orten statt.

7. Bereiten Sie sich – wenn möglich – auf das Seminar mit entsprechender Fachliteratur vor, um bei der Veranstaltung kompetent mitarbeiten zu können.

8. Achten Sie bei therapeutischen Seminaren unbedingt auf die theoretische Grundlegung und Ausrichtung des therapeutischen Verfahrens, um für Sie selber abzuklären, ob diese therapeutische Ausrichtung auch Ihren Bedürfnissen entspricht.

9. Versuchen Sie – wenn möglich – Kontakt zu früheren Teilnehmerinnen aus vorausgegangenen Seminaren herzustellen, um Angaben über didaktisch-methodische Lehrqualitäten zu erhalten, bzw. Informationen zur Tagungsstätte zu bekommen.

10. Bei mittelfristigen Weiterbildungen oder längerfristigen Zusatzausbildungen ist es ratsam, sich *vor* der Anmeldung mit dem Anbieter persönlich in Verbindung zu setzen, um einen individuellen Eindruck zu erhalten.

11. Setzen Sie sich rechtzeitig bei Weiter- und Zusatzausbildungen mit dem zuständigen Arbeitsamt in Verbindung, um abzuklären, ob möglicherweise eine Förderung nach dem AFG beantragt werden kann und einer Bewilligung nichts entgegensteht.

12. Fordern Sie bei entfernt liegenden Veranstaltern rechtzeitig vor Beginn des Seminars eine Teilnehmerliste an, um bei Bedarf Fahrgemeinschaften zu bilden.

5. Fachzeitschriften

Fachzeitschriften haben in sozialpädagogischen Einrichtungen ihren besonderen Stellenwert im Bereich der pädagogischen Fachliteratur. Sie sind ein ständiger Informationsgeber und lassen Leserinnen an neuen, aktuellen Nachrichten zu einem bestimmten Fachgebiet teilhaben. Gleichzeitig – und das mag für manche im Sinne der Zeitberücksichtigung wichtig sein – motivieren sie eher als umfangreiche Bücher dazu, in die Hand genommen zu werden und Beachtung zu finden.

Fachzeitschriften liefern darüber hinaus Arbeitsmaterialien, die für Eltern, Kolleginnen oder Elternabende genutzt werden können, um bestimmte Fragestellungen fachkompetent und mit einem notwendigen theoretischen Hintergrund zu erörtern.

Sie geben Auskunft über Fachtagungen, stellen neue Literatur in Buchbesprechungen vor und veröffentlichen zum Teil Stellenanzeigen; Fachzeitschriften weisen auf aktuelle Forschungs- bzw. Untersuchungsergebnisse hin, bilden ein Forum für Leserinnenbriefe und öffnen damit das Tor für fachliche Auseinandersetzungen.

Dennoch zeigen immer wieder Beobachtungen in der Praxis, daß auf der einen Seite zwar häufig Fachzeitschriften in Kindergärten abonniert sind, andererseits aber dennoch nicht die Aufmerksamkeit finden, die sie zweifelsohne verdient haben. Manche Zeitschriften werden von Kolleginnen mit nach Hause genommen, andere bleiben auf dem Schreibtisch der Leiterin liegen, und wiederum andere bleiben unbeachtet in den Mitarbeiterinnenfächern für lange Zeit liegen. Vielleicht hat ja immer noch die Aussage des Pädagogen Christian G. Salzmann einen bestimmten Richtigkeitswert, als er vor über 150 Jahren einmal folgendes schrieb:

„Liesest Du aber, so wie es jetzt gewöhnlich ist, unmäßig, so kommst Du mir vor wie ein Mensch, der den ganzen Tag ißt. Sein stets beladener Magen macht ihn zum Denken unfähig, und seine Säfte werden durch die heterogenen Nahrungsmittel, die in dieselben übergehen, verderbt. Das beständige Lesen füllt den größten Teil des Tages aus und raubt Dir die Zeit, die Du zum Denken und Handeln anwenden solltest. Du fassest eine Menge Begriffe, wahre, halbwahre und falsche durcheinander auf, die Dich verwirren und zu keiner Selbständigkeit kommen lassen. Heute urteilst Du so, die nächste Woche behauptest Du das Gegenteil. /.../. So nachteilig würde Dir

das unmäßige Lesen sein, wenn Du auch keine bestimmten Geschäfte, wie z.B. die Erziehung, übernimmst. Jetzt trittst Du unter Deine Kleinen, aber nur mit dem Körper, Dein Geist ist abwesend und wandelt noch in dem Ideenkreise, in welchen ihn die Zeitschrift versetzte, die Du eben jetzt aus der Hand gelegt hast. Daher hörst Du nicht recht und siehst verkehrt. /.../. Du übernimmst die Aufsicht über sie mit der Zeitschrift in der Hand, verlangst nun von ihnen eine ihnen unnatürliche Stille, damit Du im Lesen nicht gestört werdest; bei jedem Geräusche, bei jeder Frage, die an Dich geschieht, wirst Du unwillig und läßt Dich wohl zu einem auffahrenden Worte verleiten. /.../. Willst Du also, Freund, ein wirklich guter Erzieher sein, so befolge meinen Rat und mäßige Dich im Lesen."
(aus: Plan zur Erziehung der Erzieher. 1860)

Christian G. Salzmann versteht es, auf der einen Seite die beschriebene Situation zu überspitzen, was die Menge und Häufigkeit des Lesens anbetrifft, auf der anderen Seite spricht er aber auch indirekt eine beachtenswerte Tatsache an: es kann und darf nie darum gehen, Erkenntnisse spontan in die Praxis umzusetzen, auch wenn neue Informationen sofort begeistern. Vielmehr brauchen auch eindrucksvolle Leseerlebnisse ihre Zeit, um sachorientiert abzuwägen, was tatsächlich beachtet und umgesetzt werden kann.

Fachinformationen in Zeitschriften werden schnell überlesen, wenn eine entsprechende Zielorientierung beim Bearbeiten der Information fehlt. Dazu ein kurzes Beispiel: wenn Leserinnen gezielt auf der Suche nach neuerer Praxisliteratur sind und daher die in der Zeitschrift aufgeführten Buchrezensionen suchen und lesen, ist die Chance größer, sich damit auseinanderzusetzen, als wenn ein entsprechendes Interesse zur Zeit nicht vorhanden ist.

Vielleicht haben Sie, liebe Leserin, Lust, einmal über folgende Fragen nachzudenken, um für sich selber zu reflektieren, wie aufmerksam Sie Fachzeitschriften lesen:

Erinnern Sie sich einmal an Ihre zuletzt gelesene Fachzeitschrift:
a) Welche Themen wurden dort behandelt?
b) Welches Thema hat Sie besonders aus fachlicher Sicht interessiert?
c) Kannten Sie die Fachautoren schon von früheren Artikeln? Wenn ja, von welchen?
d) Welche Fachbücher wurden vorgestellt und haben Sie veranlaßt, sie auszuleihen oder zu kaufen?
e) Welche Fachtagungen wurden vorgestellt?
f) Welche berufspolitisch wichtige Information hat Sie angesprochen?

150

g) Welcher Artikel hat Sie motiviert, einen Leserinnenbrief zu schreiben?

Bei der Beantwortung der Fragen können Sie feststellen, welche Informationen tatsächlich bei Ihnen Beachtung finden konnten. Der Bedeutungsgehalt fachlicher, persönlicher oder berufspolitischer Aussagen kann dadurch entscheidend erhöht werden, wenn Leserinnen vor allem folgendes Vorgehen beachten:

1. Lesen des Editorials (Vorworts), um den Schwerpunkt dieser Zeitschriftenausgabe und die Meinung des Herausgebers zu erfahren.
2. Verschaffen einer Übersicht zum Inhalt und Abklärung der Frage, welche Artikel/Rubriken von besonderer Bedeutung zu sein scheinen.
3. Gezieltes Lesen der ausgewählten Artikel/Rubriken.
4. Beim Lesen der Fachartikel:
   a) Falls es eine Zeitschrift für alle Mitarbeiterinnen ist, sollten wichtige Passagen oder Grundaussagen, Termine oder Buchtitel abgeschrieben werden.
   b) Falls es eine eigene Fachzeitschrift ist, sollten wichtige Textstellen markiert werden.
   c) Ist ein Fachartikel von tragender Bedeutung für die Arbeit in der Einrichtung, sollte er – falls möglich – kopiert und den eigenen Themenunterlagen zugeordnet werden.
   d) Erscheint der Artikel für alle Mitarbeiterinnen bedeutsam zu sein, bietet es sich an, bei der nächsten Mitarbeiterinnenbesprechung darauf hinzuweisen und ihn – nach Absprache – im Team zu erörtern.
5. Um die Informationen nicht zu vergessen, die in den Fachzeitschriften enthalten sind, bietet es sich an, einen systematischen Überblick – auch für die Zukunft – zu behalten. Dazu gibt es die Möglichkeit, ein Karteisystem zu führen. Dieses kann entweder die Mitarbeiterin selbst für sich persönlich tun *oder* eine Kollegin im Auftrag des Kindergartens.

Hierzu können Karteikarten nach folgendem Muster aufgebaut sein:

Möglichkeit a) Übersicht zur Zeitschriftenausgabe
b) Übersicht und Grundlageninformation zum Thema

Thema: (z.B. Aggression, Bettnässen . . . .)

. . . .

zu finden in der Zeitschrift . . . .

Ausgabe Nr. . . . .

Seite . . . . bis . . . .

A) Grundaussagen zum Thema

B) Konsequenzen

● für die Arbeit

● für die Zusammenarbeit mit Eltern

● für die Kolleginnen und mich

● für das eigene Verhalten zum Kind

C) Vertiefende Literaturhinweise:

●

●

●

●

Zeitschrift: ....

Ausgabe Nr.: ....

Fachbeiträge zu folgenden Themen:

1. Autor:

   Thema:

2. Autor:

   Thema:

3. Autor:

   Thema:

4. Autor:

   Thema:

5. Autor:

   Thema:

6. Autor:

   Thema:

Buchbesprechungen: – genaue Angaben zu den Büchern –

1.

2.

3.

Anmerkungen:

Wenn sich das Team entscheidet, einen Ordner für eine hilfreiche Themenübersicht anzulegen, können einerseits *nur* die Übersichten in alphabetischer Reihenfolge zugeordnet werden, andererseits ist es auch möglich, jeden Ordner (z.B. von A–D, E bis K usw.) mit den Themenübersichten zu bestücken *und* entsprechende wesentliche Fachartikel in Kopie dahinterzulegen.

Fachgebiete für eine Zuordnung sind schnell gefunden:

● Raumgestaltung im Kindergarten;
● altersgemischte Gruppen;
● Ansätze in der Kindergartenpädagogik;
● Projekte im „Situationsorientierten Ansatz";
● Verhaltensauffälligkeiten bei Kindern (Grundaussagen);
● Teamarbeit und Kommunikation;
● Gesprächsführung mit Eltern;
● Elternabende – fachkompetent geplant und durchgeführt;
● Spielen und Lernen;
● Schulfähigkeit – Kriterien zur Beurteilung;
● Praktikantinnen (Anleitung und Beratung);
● Beobachtungsbögen;
● Aufsichtspflicht;
● Gemeinsame Entwicklungsbegleitung von behinderten und nicht-behinderten Kindern;
● Öffentlichkeitsarbeit in der Gemeinde;
● FremdreferentInnen;
● Konzeption (Sammlung von Ideen und Hinweise);
● ...

Strukturierte Übersichten bzw. zusammengetragene Fachartikel haben den großen Vorteil, daß bei der Suche nach Informationen schnell unter dem Stichwort die Materialien gefunden werden können. Ansonsten stehen Mitarbeiterinnen vor dem Problem, zwar zu wissen, „daß es mal einen Fachartikel dazu gab", bei der Flut der Informationen aber nur schwer oder zeitraubend das Gesuchte finden. Im folgenden Teil sollen nun einige wichtige Fachzeitschriften für den Elementarbereich genannt werden. Die Jahresbezugspreise bzw. Redaktionsanschriften sind aus dem Grunde nicht genannt, weil sich diese Einzelangaben von Jahr zu Jahr verändern können. Demgegenüber sind die herausgebenden Verlage aufgeführt, die bei Bedarf nach Probeheften zum Kennenlernen angeschrieben werden können.

- **Bausteine Kindergarten**
  Bergmoser + Höller Verlag GmbH, Karl-Friedrich-Str. 76, 52072 Aachen

- **Behindertenpädagogik** – Vierteljahreszeitschrift für Behindertenpädagogik in Praxis, Forschung, Lehre und Integration Behinderter.
  Jarick Oberbiel Verlag, Lahn 2, 35606 Solms

- **Betrifft Erziehung**
  J. Beltz Verlag, Werder Str. 4, 69469 Weinheim

- **Das Kind** – Halbjahreszeitschrift für Montessori-Pädagogik.
  Deutsche Montessori-Gesellschaft e.V., Postfach 5461, 97004 Würzburg

- **Der Evangelische Erzieher** – Zeitschrift für Pädagogik und Theologie.
  Verlag Moritz Diesterweg GmbH & Co., Wächstersbacher Str. 89, 60386 Frankfurt am Main

- **Deutsche Jugend**
  Juventa Verlag GmbH, Ehretstr. 3, 69469 Weinheim

- **Erziehungskunst** – Monatszeitschrift zur Pädagogik Rudolf Steiners
  Verlag Freies Geistesleben, Haußmannstr. 76, 70188 Stuttgart

- **Emile** – Zeitschrift für Erziehungskultur
  Emile-Verlag, Hohenstaufenstr. 35, 10779 Berlin

- **Forum Pädagogik**
  Pädagogischer Verlag Burgbücherei Schneider, Wilhelmstr. 13, 73666 Baltmannsweiler

- **Forum Supervision**
  edition diskord, Schwärzlocher Str. 104b, 72070 Tübingen

- **Fundevogel** – kritisches Kinder-Medien-Magazin
  dipa-Verlag + Druck GmbH, Nassauer Str. 1–3, 60439 Frankfurt

- **gruppe & spiel** – Zeitschrift für kreative Gruppenarbeit
  Kallmeyer'sche Verlagsbuchhandlung GmbH, Postfach 10 01 50, 30926 Seelze

- **Gruppendynamik** – Zeitschrift für angewandte Sozialpsychologie
  Leske Verlag + Budrich GmbH, Gerhard-Hauptmann-Str. 27, 51379 Leverkusen

- **Heilpädagogische Forschung** – Zeitschrift für Pädagogik und Psychologie Behinderter
  Edition Marhold im Wissenschaftsverlag Volker Spiess, Postfach 3046, 10730 Berlin

- **Hort heute** – Ganztagserziehung
  Hermann Luchterhand Verlag GmbH & Co KG, Heddesdorfer Str. 31, 56564 Neuwied

- **Jugendwohl** – Zeitschrift für Kinder- und Jugendhilfe
  Lambertus Verlag, Postfach 10 26, 79004 Freiburg

- **Kind und Gesellschaft**
  Hermann Luchterhand Verlag GmbH & Co KG, Heddesdorfer Str. 31, 56564 Neuwied

- **kinder – das Journal des Kindergartens**
  Junior-Verlag GmbH & Co KG, Fehlandtstr. 41, 20354 Hamburg

- **kindergarten heute** – zeitschrift für erziehung im vorschulalter
  Verlag Herder, Hermann-Herder-Str. 4, 79104 Freiburg

- **kinderleicht** – Ideen für das Arbeiten mit Kindern im Vorschulalter
  Bergmoser + Höller Verlag GmbH, Karl-Friedrich-Str. 76, 52072 Aachen

- **Kinderschutz aktuell**
  Deutscher Kinderschutzbund e.V., Schiffgraben 29, 30159 Hannover

- **Kinderzeit** – Sozialpädagogische Blätter
  B & B Verlagsgesellschaft mbH, Postfach 22 28, 33052 Paderborn

- **KiTa-aktuell** – Fachzeitschrift für Leiter/innen der Kindergärten, Horte und Krippen
  Ausgabe KiTa BY (Bayern)
  Ausgabe KiTa BW (Baden-Württemberg)
  Ausgabe KiTa ND (Niedersachsen, Schleswig-Holstein, Hamburg, Bremen)
  Ausgabe KiTa NW (Nordrhein-Westfalen)
  Ausgabe KiTa MO (Neue Bundesländer)
  Carl-Link Verlag, Verlagshaus Kronach, Kolpingstr. 10, 96317 Kronach

- **klein & groß** – Erziehung im Vorschulalter
  Hermann Luchterhand Verlag GmbH & Co. KG, Heddesdorfer
  Str. 31, 56564 Neuwied

- **medien und erziehung**
  Leske Verlag + Budrich GmbH, Gerhard-Hauptmann-Str. 27,
  51379 Leverkusen

- **mobile** – Mit Kindern durch das Jahr
  Verlag Herder, mobile/Abt. 407, Hermann-Herder-Str. 4, 79104
  Freiburg

- **motorik**
  Verlag Karl Hoffmann GmbH & Co., Postfach 1360, 73603
  Schorndorf

- **Musik und Bildung** – Praxis Musikerziehung
  Musikverlag B. Schott's Söhne, Weihergarten, 55116 Mainz

- **päd extra & demokratische erziehung**
  extra Verlag, Langgasse 24h, 65183 Wiesbaden

- **Pädagogik**
  J. Beltz Verlag, Werder Str. 4, 69469 Weinheim

- **Pädagogische Welt** – Zeitschrift für Unterricht und Erziehung
  Verlag Ludwig Auer, Postfach 1152, 86601 Donauwörth

- **Praxis Spiel & Gruppe** – Zeitschrift für Gruppenarbeit
  Matthias-Grünewald-Verlag, Max-Hufschmidt-Str. 4a, 55130
  Mainz

- **Rhythmik in der Erziehung**
  Kallmeyer'sche Verlagsbuchhandlung GmbH, Postfach 10 01 50,
  30926 Seelze

- **Sozialpädagogik** – Zeitschrift für Mitarbeiter
  Gütersloher Verlagshaus Gerhard Mohn, Postfach 1343, 33243
  Gütersloh

- **spielen und lernen** – das Monatsheft für Eltern und Kinder
  Velber Verlag GmbH, Postfach 10 02 54, 30926 Seelze

- **TPS – Theorie und Praxis der Sozialpädagogik**
  Luther-Verlag, Postfach 14 03 80, 33623 Bielefeld

- **Umwelt & Gesundheit**
  Gabriele Klein Verlag, Auf dem Pützacker 8, 51067 Köln

- **Unsere Jugend** – die Zeitschrift für Studium und Praxis der Sozialpädagogik
  Ernst Reinhardt Verlag GmbH & Co., Kemnatenstr. 46, 80639 München

- **was und wie** – Arbeitshilfen zur religiösen Erziehung der 3- bis 7jährigen; mit Sonderseiten für 7- bis 10jährige
  Gütersloher Verlagshaus Gerhard Mohn, Postfach 1343, 33243 Gütersloh

- **Wege zum Menschen** – Monatszeitschrift für Seelsorge und Beratung, heilendes und soziales Handeln
  Verlag Vandenhoeck & Ruprecht, Postfach 3753, 37027 Göttingen

- **Welt des Kindes**
  Redaktion ‚Welt des Kindes‘, Habsburger Str. 99, 79104 Freiburg

- **WWD – Wehrfritz Wissenschaftlicher Dienst.** Wissenschaft und Praxis im Dialog
  Wehrfritz GmbH, Postfach, 96476 Rodach

- **Zeitschrift für Entwicklungspsychologie und Pädagogische Psychologie**
  Hogrefe – Verlag für Psychologie, Rohnsweg 25, 37085 Göttingen

- **Zeitschrift für Erlebnispädagogik**
  Verlag ‚edition erlebnispädagogik‘, Barckhausenstr. 8, 21335 Lüneburg

- **Zeitschrift für Kinderpsychologie und Kinderpsychiatrie**
  Verlag für medizinische Psychologie im Verlag Vandenhoeck & Ruprecht, Theaterstr. 13, 37073 Göttingen

Sicherlich ist es nicht immer einfach, bei diesem großen Zeitschriftenangebot auf Anhieb die richtige Fachzeitschrift für sich selber, das Team und die Einrichtung zu finden. Es bietet sich an, auch hier einen strukturierten Vergleich anzustellen. Eine Beurteilung der Zeitschriften kann im Team auf der Grundlage wichtiger Fakten geschehen, um dann eine Entscheidung zu treffen.

Kriterien für die Beurteilung der Fachzeitschrift

a) Erscheinungsweise

(monatlich, zweimonatlich, vierteljährlich, halbjährlich, jährlich)

akzeptabel: (. . . . .) nicht akzeptabel (. . . . .)

b) Preis im Jahresabonnement: . . . . DM

akzeptabel (. . . . .) nicht akzeptabel (. . . . .)

c) Seitenumfang: . . . . Seiten

akzeptabel (. . . . .) nicht akzeptabel (. . . . .)

d) Enthält die Fachzeitschrift

praxisbedeutsame Beiträge?   ja – nein

hilfreiche Buchbesprechungen?   ja – nein

berufspolitische Hinweise?   ja – nein

Angaben zu Fachtagungen etc.?   ja – nein

e) Ist die Zeitschrift übersichtlich gestaltet?

                                                            ja – nein

f) Gibt es Themenschwerpunkte in den einzelnen Ausgaben?

                                                            ja – nein

g) Soll die Zeitschrift Stellenanzeigen enthalten?

                                                            ja – nein

Soll die Zeitschrift – zunächst für ein Jahr – abonniert werden?

                                                            ja – nein

Nachwort

Vielleicht mögen Sie, verehrte Leserin, nach dem Lesen und Bearbeiten dieses Buches sagen, daß die konstatierten Eckwerte einer kompetenten, identischen und professionellen Erzieherin recht hohen Ansprüchen gleichen. Das stimmt. Und dennoch sind sie ganz im Interesse der eigenen Person und der vielen Kinder, Eltern und Kolleginnen notwendig und wichtig.

Sie als Erzieherin leisten eine Arbeit, die in hohem Maße verantwortungsvoll ist, weil sie das Leben von Kindern entscheidend mitprägt. Dazu gibt es keine Alternative zur Schwere selbstgestellter Anforderungen, es sei denn, Entwicklungsbegleitung als Profession verschiebt sich von einem Beruf zu einem Job. Dann allerdings hat Pädagogik ihre Bedeutung verloren.

Ich wünsche Ihnen von Herzen eine kraftvolle Motivation für Ihre Tätigkeit und hoffe, daß der Beruf einer Erzieherin durch eine professionelle Gestaltung der Arbeit an Anerkennung und Achtung entscheidend dazugewinnt. Ich wünsche mir, daß mein Buch Sie darin deutlich unterstützt, das Wesentliche auf den Punkt zu bringen.

Identität wächst aus der Entscheidung,
mit sich selbst ein stimmiges Leben zu führen,
liebgewonnene Muster zu hinterfragen
und sie dann zu verändern,
wenn Regeln aus Regeln,
Gewohntes aus Gewohnheiten
und Gewöhnliches aus Erwartungen entstehen.
Sich selbst zu entwickeln
und Kindern bei ihrer Entwicklung helfen
heißt, die Gegenwart sehen
und den Tag als das zu erleben, was er ist:
Geburt eines möglichen, neuen Anfangs.

Armin Krenz